中山出版
ZHONGSHAN PUBLISHING
香山承文脉 好书读百年

社科普及丛书

胡 波 主编

创客
走进生活

姚晓波 卢 卓 编著

SPM

南方出版传媒

广东人民出版社

·广州·

图书在版编目（CIP）数据

创客走进生活 / 姚晓波，卢卓编著. -- 广州 ： 广东人民出版社，
2018.3
（社科普及丛书）
ISBN 978-7-218-12660-9

Ⅰ. ①创… Ⅱ. ①姚… ②卢… Ⅲ. ①创造教育 Ⅳ. ①G40-012

中国版本图书馆CIP数据核字(2018)第046376号

CHUANG KE ZOU JIN SHENG HUO
创客走进生活　　姚晓波　卢 卓　编著

出 版 人：肖风华

责任编辑：李锐锋　冼惠仪
特邀编辑：戴程志
装帧设计：蓝美华

统　　筹：广东人民出版社中山出版有限公司
执　　行：何腾江　吕斯敏
地　　址：中山市中山五路1号中山日报社8楼（邮编：528403）
电　　话：（0760）89882926　　（0760）89882925

出版发行：广东人民出版社
地　　址：广州市大沙头四马路10号（邮编：510102）
电　　话：（020）83798714（总编室）
传　　真：（020）83780199
网　　址：http://www.gdpph.com
印　　刷：广州市岭美彩印有限公司
开　　本：787mm×1092mm　　1/32
印　　张：6　　　　字　　数：123千
版　　次：2018年4月第1版　2018年4月第1次印刷
定　　价：32.80元

如发现印装质量问题影响阅读，请与出版社（0760-89882925）联系调换。
售书热线：（0760）88367862　　邮购：（0760）89882925

"社科普及丛书"编委会

策　划　刘浩君　胡　波

主　编　胡　波

副主编　周　萍

编委会　卢曙光　韩延星　周　武　高露斯

　　　　陈凤娇　邹慧燕　柯丽莹　刘　彤

总　序

| 胡　波

　　自然科学和社会科学是人类探究自然、了解社会、认识自我的两把钥匙，也是人类社会文明进步的双重动力。自然科学是研究自然界各种物质和现象的科学，如物理学、化学、动物学、植物学、矿物学、生理学、医学和数学等，是人类认识自然、了解自然、改造自然和适应自然不可缺少的有效理论和科学方法；而社会科学是研究各种社会现象的科学，包括政治学、经济学、社会学、法律学、管理学、历史学、文艺学、美学、伦理学、文学等，是人类认识自己、认识他人、认识环境，尊重自己、尊重他人、尊重环境，进行双向交流、相互交往的有力工具。

　　众所周知的是，自然科学为人类创造了许多物质文明成果，解放了人类的手脚，也拓宽了人类的视野，丰富了人类的物质文化生活。尤其是18世纪工业革命以来，科学技术消除和控制了许多自然灾害，减少了疾病的蔓延，延长了人类的寿命，让人类生活得更舒适、更便利、更安全。但不可否认的是，自然科学，特别是现代科技发展的后遗症与副作用，也给人类带来了许多比传统风险（风灾、水灾、旱灾、虫灾、瘟疫、地震等）还要令人忧心的现代危情（环境污染、核扩散与辐射、废弃物、有毒物质等）。这些现代危情对人类来说，是一种无法预知又时刻存在的危害。更为重要的是，自然科学的发展，不仅改变了自然界，拉近了人与自然之间的距离，减少了自然对于人类来说所具有的神秘感和陌生感，还直接或间接地改变了人类社会的生活环境和物质条件，影响了人类自身的生产方式和生活形态。不断发展的科学技术，在现代社会中日益成为社会变迁的一股重要推动力，在许多方面正改变着人类的生活方式和文化模式。机器人将逐渐取代传统工人的角色；银行自助提款机也日益替代银行职员的职能；交通网络和大众传播媒介的发展，使不同民族之间的距离大大缩小；工商业快速发展，加速了社会流动，改变了人们的价值观、世界观、人生观、行为模式和生活方式……这些由科技文明所带来的各种新趋势和新问题，固然需要自然科学去研究与应对，但社会科学对于人类社会变迁所造成的法律、伦理、道德等各个层面的影响和冲击，同样责无旁贷。社会科学理所当然地应该从政治、经济、社会、文化、教育、心理、哲学等不同层面进行深入研究，为人类生存生活和全面发展提供更多的知识、智力的支撑和思想、文化的引领。

　　自然科学和社会科学虽然在研究领域、研究方法上有所不同，但两者都和人类社会的生存和发展有关，都与解决人类所面临的困难和挑战有关。社会科学是以"人"为中心，研究人与人之间，人与群体之间，人与社会、国家之间互动的知识领域，探究人类文化与其周围环境之间的关系的科学。人类在社会中生存和发展，必须了解与其生活层面有关的知识和经验，方能很好地顺应环境和改善生活，提高生命的价值和人生的意义。但是长期以来，人们对社会科学理论的认识和了解比较浮浅，对社会科学知识的掌握和运用也极其简单，在思想和行动上表现出典型的实用主义或工具理性。尤其是改革开放30余年来，重物质轻精神、重科技轻人文、重自然科学轻社会科学的现象更加突出，其结果是，在经济快速增长和科技高度发达的同时，也产生了生态环境恶化、贫富差距拉大、伦理道德滑坡以及腐败案件高发和精神信仰缺失等现象，甚至有不少人成为物质的奴隶，精神的侏儒。因此，以人为中心，探讨人类生活层面的知识领域，以及探究人类文化与其周围环境之间关系的社会科学，就必将为当今社会提供认识自己、取悦他人、改造社会的钥匙。自然科学以自然物质为中心，研究人类在物质生活环境上的问题；社会科学以人为中心，处理人类精神层面的事物。两者对于人类社会而言都是不可或缺的，尤其是在所谓"后工业社会"与"后现代文化"的21世纪，如何寻求社会科学与自然科学之间的平衡，矫正往昔重自然科学轻社会科学以及重理轻文的"新文明体系"，均具有重大的历史意义和现实价值。[①]正如有的学者所说，全部社会科学，要解决的就是一个问题，即个体认识自己、认识他人、认识环境，尊重自己、尊重他人、

_____

①沙依仁等著：《社会科学是什么》，北京：世界图书出版公司北京公司，2006年版，第27—28页。

尊重环境，然后进行相互间的交流、交换、交往、交易等的问题。①
而"分清各自的利益，学习有效、互利的原则与技术，是公民
的必修课"。②但是，社会科学的理论、方法、知识、经验，
并不为大众所掌握和运用，其传播和普及的对象与范围都十分
有限，往往停留在学者的圈子内，终止于社会精英的层面上。
孙中山先生曾认为，无论是在古代中国还是当代社会，始终是
"知难行易"，而不是"知易行难"，强调认识比行动更难但
更重要。③马克思在《〈黑格尔法哲学批判〉导言》中指出："批
判的武器当然不能代替武器的批判，物质力量只能用物质力量
来摧毁，但是理论一经掌握群众，也会变成物质力量。理论只
要说服人，就能掌握群众；而理论只要彻底，就能说服人，所
谓彻底，就是抓住事物的根本。但人的根本就是人本身。"④
因此，如何将社会科学的"知识"转化为"常识"，如何将社
会科学的"经验"积淀为"理性"，如何将社会科学的"理论"
转变为"智慧"，如何将社会科学的"方法"转化为"思维"，
理所当然地应该成为社会科学普及的宗旨和要务。2014年9月，
《广东省社会科学普及条例》就明确指出："社会科学普及工
作应当坚持政府领导、社会支持、公众参与、资源共享、服务

①沙依仁等著：《社会科学是什么》，北京：世界图书出版公司北京公司，
2006年版，第2页。
②沙依仁等著：《社会科学是什么》，简体版序，第2页。
③张磊：《孙中山思想研究》，北京：中华书局，1981年版。
④中共中央马克思恩格斯列宁斯大林著作编译局编：《马克思恩格斯选集》，
第1卷，北京：人民出版社，1972年版，第9页。

大众、法制保障的原则"，"采取公众易于理解、接受和参与的方式，普及社会科学知识、传播科学思想、倡导科学方法、弘扬科学精神和人文精神的活动"。社会科学普及工作，今天已成为各级党委政府的重要工作之一。

中山市社会科学界联合会长期以来坚持以人为本，围绕市委市政府的中心工作，关注社会，聚焦民生，面向未来，在做好党委政府的智囊团和思想库的同时，积极主动地采取多种形式，大力普及社会科学知识，传播思想文化，弘扬科学理性和人文精神。经过不断努力，中山不仅涌现了大批具有广泛影响的社科普及专家和知名学者，而且也出版了一大批社科普及读物，如《中山史话》《凡人孙中山》《新三字经与社会主义核心价值观》《血脉相承：中山非物质文化遗产探究》《艺文与修身》《修身与修行》等既有地方特色又颇具中国气派的科普书籍，甚至借助南国书香节中山书展这个大平台，单独设立社科普及展区，开展形式多样的社科普及活动，产生了较大的反响。但是，社科普及活动仍然缺乏针对性和趣味性，社科普及读物也少了地方色彩而多了学究气息，社科普及的效果并不令人满意。

如何开展社科普及工作，有效地服务社会，逐步提高大众的人文素养，也就成为广大社科工作者的目标和任务。为此，中山市社会科学界联合会在市委市政府的关怀和领导下，首先组织社科专家，结合地方历史文化、经济社会的特色和社科的专业特点，融知识性、趣味性和专业性、系统性于一体，编辑出版"社科普及丛书"。中山市社会科学界联合会力求在全面介绍政治学、经济学、社会学、文化学、历史学、哲学、伦理学、民俗学、地理学和法学等社科基础知识和理论方法的同时，客观全面和深入浅出地讲述中山地方历史文化和人文精神，力求通过系列丛书的编辑出版，使其逐渐进学校、进机关、进企业、进社区；力求达到理论宣传、思想传播、文化交流、信息传递、知识共享的多重目的。为好书找读者，为读者写好书，讲好中国故事，传播社科新知，引领时代风尚，推动社会进步，这就是"社科普及丛书"编写的方向和目标。

写在前面的话

李克强总理在2015年《政府工作报告》中指出:"推动大众创业、万众创新。这既可以扩大就业、增加居民收入,又有利于促进社会纵向流动和公平正义。"从此在中国辽阔的疆域上,掀起"大众创业""草根创业"的新浪潮,形成"万众创新""人人创新"的新态势。李克强总理还说:"如果大多数中国人,因为从事挑战性工作和创新事业获得成就感,而不是通过消费得到满足的话,结果一定会非常美好。"我们正是从创造感和幸福感的角度,结合创业创新教育的体会,编著《创客走进生活》这本书。本书可读性强,适用于有意创业的群体,具有创新性、实践性、开放性、共享性、科学性特点,介绍创客、创新、创业和国家相关政策,重点普及"创客"基本知识。

党的十九大报告明确指出:"激发和保护企业家精神,鼓励更多社会主体投身创新创业。建设知识型、技能型、创新型劳动者大军,弘扬劳模精神和工匠精神,营造劳动光荣的社会风尚和精益求精的敬业风气。"而企业家精神、劳模精神、工匠精神等,都可以集中体现在"创客"身上。

"创客"是DIY（Do It Yourself，自己动手做）爱好者、是发明家、是造物者、是匠人、是设计师，是每一个有创意且为之付诸实践的你我。书中有一句话："这是一个最好的时代，也是最坏的时代，这是一个日新月异、虚实交错的信息时代，这是一个颠覆传统、兴衰更替的变革时代，这是一个精英荟萃、风云际会的黄金时代，这是一个创新创业者引领潮流的众创时代！"我们正是处于这样一个时代。

　　本书第一章、第二章由姚晓波、卢卓编写，第三章、第四章由卢卓编写，第五章由白玉宝、姚顺雨编写，外语资料由吕睿中翻译，全书由姚晓波统稿。本书受到广东省高等职业教育教学改革项目（项目编号：201401245）、广东省高等学校优秀青年骨干教师培养项目（项目编号：YQZS201501）、教育部青年课题（项目编号：EFA150367）的支持。书中引用了部分文献资料，在此对有关作者表示深深的感谢。感谢中山职业技术学院、中山市社会科学界联合会的大力支持！

编　者
2018 年 3 月

目 录

第一章
众创时代：创客来了

　　2014 年 11 月 9 日，国家主席习近平出席亚太经合组织（APEC）工商领导人峰会，在开幕式的主题演讲中指出：中国经济在新常态下呈现三大特点，一是从高速增长转为中高速增长，二是经济结构不断优化升级，三是从要素驱动、投资驱动转向创新驱动。创新成为新常态下经济社会发展的新引擎。2015 年 1 月 4 日，新年第一个工作日，国务院总理李克强考察深圳柴火创客空间，体验了一次年轻"创客"的创意产品，并在现场评价说："创客充分展示了大众创业、万众创新的活力。这种活力和创造，将会成为中国经济未来增长的不熄引擎。"2015 年 3 月，第十二届全国人民代表大会第三次会议上，李克强在《政府工作报告》中指出："着力培育新的增长点，促进服务业加快发展，支持发展移动互联网、集成电路、高端装备制造、新能源汽车等战略性新兴产业，互联网金融异军突起，电子商务、物流快递等新业态快速成长，众多'创客'脱颖而出，文化创意产业蓬勃发展。""创客"首次"闯入"总理《政府工作报告》，迅速在神州大地上"声名鹊起"，并伴随着一场轰轰烈烈的"创客运动"，逐渐成为大众创业、万众创新的代名词，并在中国被赋予新的使命——为中国制造（智造）正名。

第一节　创客运动：中国智造的发动机

★案例：创客汪滔　用无人机重新定义中国制造

在方兴未艾的创客圈子里，大疆创新科技公司（以下简称"大疆"）创始人汪滔早已是"神一般"的存在。2006年，还在香港科技大学读书的汪滔在深圳一栋居民楼里创办了大疆。2016年胡润百富榜发布，汪滔以240亿元财富排名第77位。

继华为、腾讯之后，大疆科技俨然成了深圳这座以"创新"著称的城市的一张新名片。该公司开辟了全球消费级无人机领域的广阔市场，并快速成为占有七成市场份额的龙头企业。与国内很多科技企业依赖本土消费市场起步不同，大疆的营收主要来自海外市场，是一家在全球消费级无人机领域技术领先的中国企业。

创业，源于童年的飞翔梦

汪滔1980年出生在浙江杭州，从小就喜欢航模。在杭州读完高中，汪滔考入了华东师范大学电子系，大三时，退学转到香港科技大学继续攻读电子专业。2005年，开始准备毕业课题的汪滔决定把遥控直升机的飞行控制系统作为自己的毕业设计题目，并拉着同学一起说服老师同意他们的研究方向：让航模能够自由地悬停。拿着学校给的经费1.8万元港币，汪滔他们忙碌了大半年，然而在最终的演示阶段，本应悬停在空中的飞机却掉了下来，失败的毕业设计得了一个C等。幸运的是，汪滔的专注得到一位教授的认可，得以在香港科技大学继续攻读研究生课程。读书的同时，他拉着一起做毕业课题的两位同学在深圳创立了大疆创新科技公司，开始专注于直升机飞行控制系统的研发生产。

当时，直升机飞行控制系统可谓小众市场中的小众。随着第一款较为成熟的直升机飞行控制系统XP3.1面市，两年之后，大疆很快就把竞争对手甩在身后。大疆真正的腾飞来自于一次转型。21世纪初，多旋翼飞行器已经在海外市场悄然兴起，大疆在新西兰的一位代理商告诉汪滔，他每月只售出几十套直升机飞行控制系统，但卖出去的云台（安装、固定摄像机的支撑设备）却有200多个，90%的购买者会将云台悬挂到多旋翼飞行器上。这让汪滔意识到，多旋翼飞行器市场比直升机飞行控制系统要大得多。凭借在飞行控制系统上的技术积累，大疆很快就推出面向大众用户的"精灵"系列多旋翼飞行器，这是一款真正意义上高度技术集成、到手即飞的航拍飞行器。借助于"精灵"，大疆将之前局限于航模爱好者的专业市场扩展到大众消费市场，从而引爆整个无人机市场的需求。

成功，源自对产品的专注

"大疆的成功，源自始终专注于产品的态度，"汪滔说。固定悬停、自动返航、GPS定位导航、影像实时传输……接下来的几年里，大疆不断推动产品的升级换代。然而，随着大疆的成功和无人机市场的火爆，大量的资金和创业团队涌入这个领域，希望能分得一杯羹。无人机会不会像当年的键盘、鼠标和手机一样成为一片红海，最终变成低利润的竞争局面？对此，汪滔并不担心："我们在无人机领域有着10年的技术积累，在无人机领域的核心技术是竞争者难以在短期内超越的，因而不会被拖入红海。"

汪滔认为，除了技术，大疆更难以被超越的是视野和品位。"在我们的父辈，中国一直缺乏能打动世界的产品，中国制造也始终摆脱不了靠性价比优势获得市场的局面。在这个新时代，企业的成功应该有不一样的思想和价值观，大疆愿意专注地做出真正好的产品，扭转这种让人不太自豪的现状。"

极致，让梦想飞得更高

除了受到航拍爱好者的追捧，如今，大疆的无人机已应用在影视拍摄、地震救援、城市管理等越来越多的专业领域。对汪滔来说，从一个痴迷技术的理工男转身成为管理数千人的企业 CEO，最初的梦想已经有了更广阔的舞台，但他仍然怀念自己熬夜攻克技术难题的那段时光。"如果不做 CEO，我肯定会回到研发岗位上。对科技创业者来说，攻克一个个技术难题所带来的快乐，是那些山寨者难以体会到的。"

在自己车的后备箱里，汪滔放置一架多旋翼飞行器。有时路过一片空旷的地方，他会停下车来，让自己童年的梦想再"飞"上一会儿。对于以他为榜样的创业者，汪滔的建议是："一定要确定这件事你是不是真的喜欢，因为只有喜欢的事情，你才会把它做到极致。"

（改编自《中国青年报》2015 年 5 月 26 日 03 版）

一、"创客"是谁?

互联网时代，一个人人都是自媒体和创造者的时代。一场运用互联网和最新制造技术来创造产品的创客运动，正在全球范围内兴起。在这场新兴运动中，他们紧跟时代发展的潮流，拉开创客时代的序幕。

（一）创客

"创客"是英文"maker"的意译，特指酷爱科技、热衷实践的个人，亦可指其群体，常以分享创意和交流思想为乐。然而，"maker"在英文里只是一个普通名词，意即"制造者、制造商"。其用来与创意及创业相结合可追溯至2009年加拿大裔英国科幻作家科利·多克托罗（Cory Doctorow）创作的同名小说——*Makers*。小说预言：资本主义正在自食恶果。市场在运行，而市场一旦运行起来就会把一切商品化或淘汰掉。这并非说无钱可挣，而是从整齐划一的生产线那里挣不到钱。通用电气、通用磨坊以及通用汽车等大公司主导的时代已经终结。桌面上的钱就像小小的磷虾——创建小企业的无数机遇有待于拥有创意的聪明人去发现和开拓。这个有待"发现和开拓"的世界正是创客大有可为的世界。小说全文没有使用"makers"这个词，但其书名"Makers"显然是用来统称小说中所描述的这样一群人：即使经济走向崩溃，也要快乐地摆弄电脑硬件和软件以不断创新。

2012年，美国《连线》杂志前主编克里斯·安德森（Chris Anderson）出版专著《创客：新工业革命》（*Makers: The New Industrial Revolution*），引起普通大众对创客的了解和热望。《创客：新工业革命》一书这样描述创客："他们使用数字工具，在屏幕上设计，越来越多地使用桌面设计机器制作的产品。他们是互联网一代，本能地通过网络分享成果，将互联网文化与合作引入制造过程，他们联手DIY自己的未来，其规模之大前所未见。"同时，书中指出："我们都是创客，生来如此（看看孩子对绘画、积木、乐高玩具或是手工的热情），而且很多人将这样的热爱融入兴趣与情感中。这不只是一个小工作室、一间车库或是男人的私人空间那么简单。如果你喜欢烹饪，你就是厨房创客，炉灶就是你的工作台；如果你喜欢种植，你就是花园创客。编织与缝纫，制作剪贴簿，串珠子或是十字绣，这些都是制作的过程。"从这个意义上讲，创客与年龄、性别、职业、学历、种族等无关，甚至其本身也不是信息时代的专属产物，他们也可以产生在农业时代或工业时代，只是信息时代使得创客有了更便捷的制作工具和更广阔的沟通交流平台，使他们的制造活动由一个个体行为转变为一种社会现象而备受重视。如开创中国平民教育模式的儒家学派创始人孔子，改进造纸术的东汉宦官蔡伦，发明活字印刷术的北宋布衣毕昇，制造出第一台具有实用价值蒸汽机的詹姆斯·瓦特，制造出世界上第一架飞机的莱特兄弟，美国苹果公司创始人史蒂夫·乔布斯（Steve Jobes）等，无一不是其所在时代"创客"的杰出代表。

对于"创客"，目前并没有形成标准化的定义，我们对其有着多元化的理解。本书所言的"创客"不仅包含基于信息技术、智能硬件等的高科技达人，还包括艺术家、设计师等其他劳动者以及在诸多领域中坚守创新，持续实践，乐于分享并且追求美好生活的人，即泛指出于兴趣与爱好，努力将各种创意转变为现实的人。创客的共同特质是创新、实践与分享，但这并不意味着他们都是一个模子里铸出来的人。恰恰相反，他们有着丰富多彩的兴趣爱好，各不相同的特长。但是一旦这样的人聚到一起，相互协调，发挥自己特长，就会爆发巨大的创新活力，成为推动经济社会发展的群体智慧。

（二）创客运动

每个人与生俱来都有创造的热情，每个进行或参与创造的人都是创客。当越来越多的人加入创客队伍时，创客们的创新性设计与实践本身形成一种运动，即创客运动（Makers Movement）。当成千上万全球"单打独斗"的创客通过互联网联结在一起，由"各自为政"演变成携手向前，围绕共同的爱好以不同的形式共同参与创新性的设计并付诸实践时，创客运动将会掀起一种具有划时代意义的新浪潮。各国纷纷将创客、创客运动作为创新发展的源泉和驱动力，进一步推动世界创客运动的发展。2014年，美国总统奥巴马宣布将每年6月18日定为"国家创客日"，以示对创客及创客运动的重视和支持。为进一步营造良好社会氛围，在更大范围、更高层次、更深程度上推进"双创"，中国国务院决定从2015年起设立"全国大众创业万众创新活动周"（简称"双创周"），定于每年10月举行，具体时间根据年度安排确定，每年设置不同主题。

一般说来，创客运动可以分为四种基本形式：一是定制产品，参与产品的设计或制造过程，包括个性化选择和向产品设计师提供设计或提出建议；二是DIY精神，追求自给自足，为自己制造产品，可以是自己加工，也可以是自己组装；三是满足爱好，为自己的爱好贡献热情与创意，追求心理的成就感和满足感；四是寻求创业，以自己的爱好为基础，追求爱好的同时，寻求创业的机会。创客运动本身具备着强烈的创新特征，其实际展现出的形式可能是上述几种基本形式的组合。

随着现代科技的发展，信息技术被不断地用于实体物品的设计、制造以及管理当中，制造本身正在向信息化转变。信息化制造技术、互联网技术的创新与融合，给创客运动赋予新的时代特征。克里斯·安德森在《创客：新工业革命》一书中指出，互联网时代的"创客运动"具有以下三个重要特征：

1. 使用数字桌面设计工具设计新产品。实体产品的设计已经完全能够借助各种各样的 CAD（计算机辅助设计）软件在计算机上进行，在计算机上构建出一个满足生产要求的数字化实体产品。

2. 在开源社区中分享设计成果。进行合作已成为一种文化规范。围绕着共同的兴趣爱好，众多的创客依托互联网建立网络社区，以方便分享设计成果。只要遵循社区规范，就可以自由使用设计成果，也可以自由修改和再发布，实现开源创新。开源创新创造出一种社会化协作的创新模式，任何人和机构都可以站在他人的肩膀上，获取知识与创意，快速、低成本地参与创造，参与创新。

3. 设计成果既可以传递给制造服务商，也可以使用桌面工具（如 3D 打印机、激光切割机等）自行制造。在传统的制造方式中，从加工到供应链管理，每一个步骤都需要相应的设备与技能，前期可能还需要大量的投资，而数字化制造技术的发展增加了制造服务商的生产灵活性和可定制性，使他们拥有了按需制造产品的能力。互联网时代的创客运动赋予了普通人利用大型工厂制造定制产品的这种能力。基于互联网，世界各地的工厂向拥有数字设计和信用卡的普通人打开了按需制造的大门，以 3D 打印为代表的新一代数字化制造技术的呈现，也为创客们提供更多的制造选择。

二、创客溯源

★案例：Nomiku　将兴趣变成现实

Nomiku（一款美国低温烹调设备）是一款基于 Sous Vide 技术的烹饪设备。Sous Vide 技术起源于 20 世纪 70 年代的法国，其中文译名为"真空低温烹调法"。简单来说，就是将食材密封在真空塑料袋中，然后放入搅拌型恒温水浴锅中进行低温烹饪处理（一般在 50℃至 80℃），从而避免食材受高温破坏，最大限度地保持其原汁原味。这种烹饪方式无火无油，其所使用的可精确控温控时的水浴烹饪设备也十分昂贵。所以，虽然 Sous Vide 在 20 世纪 70 年代就已经诞生，但之后它一直高冷地活在顶级餐厅的后厨中，并未走入普通民众的生活。

研习英国文学的旧金山女孩儿莉萨·秋（Lisa Qiu）热爱烹饪，对 Sous Vide 情有独钟，她梦想拥有一部属于自己的 Sous Vide 设备，然而这种设备的市场价格不菲，最普通的都要超过 1000 美金。出于热爱，莉萨·秋决定自己制造一台。刚开始，莉萨与物理学博士安倍·费德曼（Abe Fetterman）一起实践这一想法。他们从美国飞到深圳，在 HAXLR8R（位于深圳的一家硬件孵化器，2015 年更名为 HAX Accelerato）讨论设计，与当地制造商交流谈判。后来他们又在泰国讲授真空低温烹饪法，并将取得工业设计学位的好友威波普·班姆·萨普皮帕特（Wipop Bam Suppipat）拉入团队。莉萨·秋跟从过世界顶级厨师，费德曼精通控制科学，萨普皮帕特深谙设计之道，三人可谓"黄金搭档"。

Nomiku 的原型产品是 2012 年在 Kickstarter（一个美国的众筹网站）上众筹实现的。Kickstarter 于 2009 年 4 月在美国纽约成立，是一个专为具有创意方案的企业筹资的众筹网站平台，致力于支持和激励创新性、创造性、创意性的活动。人们可以在上面选择自己相中的项目进行投资，获得回报。莉萨·秋最初的目标是募资 20 万美元，没想到上线 10 分钟便突破 10 万美元，创下该网站最快募资到 10 万美元的纪录。最终，Nomiku 募资 58.6 万美元，远超预期。有了充裕的资金，经过团队的共同努力，原型产品很快被开发出来，并且成功接受预订。

Nomiku 最大的贡献在于将高大上的 Sous Vide 烹饪技术带入寻常百姓家。Nomiku 随后开发了带 Wi-Fi 功能的二代产品，并推出一款叫做 Tender 的移动应用，不仅可以让人们远程控制 Nomiku，还可以让所有真空低温烹饪爱好者分享菜谱、购买食材。目前，Nomiku 已成为美国硅谷著名的孵化器

Y Combinator 系企业。

现代创客作为一个潮流或社会现象席卷全球,自有其深厚的经济、科技和文化缘由。创客大潮的出现既有草根大众对个性化产品的执著追求,也有经济创新驱动发展的内在需要;既是数字网络催生下开源创新的时代产物,也是推动科技创新发展的智慧源泉;既是信息时代创新文化会聚融合的必然,又创造出一种新的生存与生活方式。

(一)创客的经济溯源

知识经济时代的到来,使得创新过程网络化、全球化的特征更趋明显。一些国家的政府或其他组织意识到,仅靠创意产业大发展时期的精英创造大众化产品的创新模式,既不能较好地满足大众的个性化产品需求,也不能实现各国在 21 世纪对可持续发展增长方式的诉求。创新应是各创新主体、要素交互复杂作用下的一种新事物涌现的现象,是技术进步与应用创新的"双螺旋结构"共同演进的产物。因此,不少国家和地区都开启了以用户参与为主要特征的创新 2.0 模式的探索。举个例子,消费者需要一只水杯。传统的方法是到超市去买一只批量生产的水杯。创客经济的方法则完全不同,如果这个消费者是创客,他应该根据自己的需要设计一个主题,或者到网上下载一个水杯的设计。然后,把这个设计发往成本恰当的制造中心,由他们制造出来并通过物流派送。此外,也可以用办公桌上的3D 打印机把它打印出来。这个过程中,创造性的劳动是设计。

制造是一种基础条件，并且很可能不需要任何人的参与。当然，人们对这个案例可能会提出许多异议，比如单个水杯制造的成本远高于批量制造，或者设计水杯是否能赚到钱。这些需要通过市场来平衡的问题的确存在，但是总会有一部分人或一部分产品适用于这种模式。

1. 关注"长尾"

2004年，克里斯·安德森首次提出"长尾"的概念，用以描述诸如亚马逊和Netflix（网飞公司）之类网站的商业和经济模式。在其随后出版的《长尾理论》一书中，他正式提出长尾理论。他认为，只要存储和流通的渠道足够大，需求不旺或销量不佳的产品共同占据的市场份额就可以和那些数量不多的热卖品所占据的市场份额相匹敌，甚至比其更大，这就是长尾理论。长尾理论模型头部空间是主流市场的畅销产品，主要满足大众化的需求；尾部空间是需求较小的利基产品，主要满足追求个性的小众需求。传统的规模化生产理论基础是规模经济，生产品类少，更注重产量，是生产方的规模经济，由精英来创造；而长尾部分是需求方规模经济的体现，注重产品的品种，众多消费者分散的需求也可以形成规模优势，由大众参与创造。

随着经济社会的发展，人们越来越注重产品多样化、个性化。事实上，尾部的单个产品品项看似需求量和销量不高，但由于产品数量众多，其所占据的市场份额，足以与主流产品相匹敌，甚至比其更大。同时，互联网时代尾部空间成本的降低，使得尾部的小众市场得到关注。例如，跨境电商的快速发展促进全球范围内的自由贸易，实现了在更大范围内客户需求的聚合，使得原本小众的产品也能拥有大市场。因此，长尾理论呈现新的发展趋势：长尾部分变得更长、更加扁平化。

2. 新工业革命

自从 18 世纪英国爆发工业革命后，制造业先后经历了少品种小批量生产、规模化生产（少品种大批量生产）、大规模定制和多品种小批量生产等生产模式的变迁。少品种小批量生产是由于生产技术和工具的落后而导致的生产能力不足。传统制造业的规模化生产模式专注于长尾理论的头部空间，以满足大众化的需求为目标，通过规模效应降低成本。随着用户需求多样化、个性化以及信息技术和制造技术的发展，大规模定制开始兴起，通过高度敏捷的过程、柔性的整合，以低成本大量生产的方式为客户提供量身定做的个性产品。多品种小批量的生产模式按照用户的需求组织生产，产品的型号和种类丰富，生产的稳定性和专业化程度低。创客运动在大规模定制的基础上更关注创新、用户参与以及个性化，注重长尾理论的尾部空间开发，通过个性化定制和小批量生产建立一个制造品的"长尾"。

信息通信技术和互联网的发展推动着知识社会的到来和创新模式的嬗变。传统创新活动边界正在逐渐消融，创新向大众化方向发展，而且，这种转变已经逐渐渗透到制造业领域。数字设计工具、开源硬件、3D 打印机等快速成型技术的出现以及模块化的电子开发环境使得开发产品原型的成本降低，大众参与制造业创新活动的桎梏正逐渐消失。同时，制造业多样化和个性化的发展趋势也提出根据顾客需要安排批量生产的需求。创客运动在此背景下应运而生，它是知识社会下创新2.0模式的一种体现。创新不再仅掌握于科学家、发明家和企业研发人员等集中在"头部空间"的少数人手中，长尾部分的创新正在兴起，即鼓励个体创新，推动大众参与，挖掘蕴含在大众群体中的创新智慧，是以用户创新、开放创新、大众创新、协同创新为特征的创新形态。诺贝尔经济学奖获得者埃德蒙德·菲尔普斯（Edmund S. Phelps）认为，真正的创新并非源于少数精英和自上而下的推动，而是一个基于大众的、草根的，以人为本的、自下而上的全民创造进程。

改革开放以来，作为我国制造业重要组成部分的中小微企业发展很快，但与发达国家相比仍存在不少问题：生产技术和装备落后，产品、产业结构趋同，专业化程度低，缺少特色。而创客运动的出现为中小微企业的发展注入活力，引导其回避与大企业的竞争，专注长尾部分的市场空间，促进中小微企业不断适应多样化、个性化和时尚化的需求，形成"精、专、特、优"特色，开拓市场新空间，形成经济增长的新引擎。因此，克里斯·安德森放言："创客运动"是让数字世界真正改造实体世界的助推器，正在掀起一场"新工业革命"。

（二）创客的文化溯源

创客文化是科技进步与时代发展的产物，初现于欧美发达国家并发展壮大。欧美发达国家尤其是美国有着创客文化兴盛的历史基因，由最初的车库创业、硅谷创新到反传统的 DIY 思潮，再到网络高科技催生的黑客文化，处处都可见创客文化的影子。

1. 车库文化

美国土地辽阔，凭借雄厚的经济实力迅速建设起高度发达的公路交通。早在 20 世纪 20 年代，汽车在美国就"再也不是富人贵族手中的奢侈品，而是普通人的生活必需品"，美国也因此名副其实地成为"车轮上的国家"。普通家庭都备有私家车库，出行的刚性需求造成汽车常常停在房舍旁的路边或庭院里。于是，有一部分美国人就买回一些相关设备和工具，必要时用于汽车及家用设备修理，闲暇时用于兴趣制作和个性创新，俨然把备用的车库挪用于创新制作的"家庭作坊"，而且还用作教育子女动手开发兴趣的"重要基地"。

就这样，原本存车备用的车库成为真正意义上大众动手制作的车间，其草根性、动手性、随意性和创新性等成为创客文化的原始血液。车间的存在和对创新的坚持，体现的是美国独特的车库文化，反之"正是鼓励创新的车库文化造就了今日强大的美国"。1923 年，沃尔特·迪斯尼在其叔叔家的车库里成立第一个迪斯尼工作室；1976 年，史蒂夫·乔布斯在自家车库与朋友自行组装了第一台个人计算机；1994 年，杰夫·贝佐斯（Jeff Bezos）在自家车库创建了 Amazon（亚马逊）网上书店；1998 年，时为斯坦福大学研究生的拉里·佩奇（Lawrence Page）和谢尔盖·布林（Sergey Brin）在其房东的车库里创立Google（谷歌）公司……这个名单可以继续往下列举很长。从车库中走出来的这些创业公司，都在某种程度上以自己的创新产品改变人们的生活方式乃至生活理念。其中，最为典型的要数惠普（HP）公司。1939年，比尔·休利特（Bill Hewlett）和戴维·帕卡德（David Packard）在加州的帕罗奥多（Palo Alto）用45美元租下爱迪生大街367号的一间小车库，以各自姓氏的第一个字母命名了HP公司，由此开启传奇的创新之路。惠普公司发迹后，曾花100多万美元购回这间狭窄车库，将一切按当年模样恢复，这间复原的车库成为美国创新青年的朝圣之地。当然，来访者大都是到此感受和体验车库文化的，其理念集中体现在下列的11条"惠普车库法则"中：

> 相信自己能够改变世界。
>
> 快速动起来，打开工具，随时工作。
>
> 懂得何时单打独斗，何时团结协作。
>
> 共用工具，分享创意，还要信任伙伴。
>
> 拒绝权术，拒绝官僚。（在车库干这些就是荒唐。）
>
> 工作孰优孰劣均由客户评判。
>
> 奇思幻想并非都是无稽之谈。
>
> 寻求不同工作方式。
>
> 天天有所作为，否则还是那个车库。
>
> 相信事在人为，合作就能成就大业。
>
> 发明创新。

2. 硅谷文化

车库文化在 20 世纪 40 年代以惠普公司为代表，"揭开创业硅谷的序幕"，进一步促进现代创客文化的发展。硅谷（Silicon Valley）是美国加利福尼亚州圣塔克拉拉谷（Santa Clara Valley）的别称，位于美国加利福尼亚州北部、旧金山湾区南部，这里高科技事业云集。硅谷是当今电子工业和计算机业的王国，尽管美国和世界其他高新技术区都在不断发展壮大，但硅谷仍然是高科技创新和发展的开创者，该地区的风险投资占全美风险投资总额的三分之一。硅谷的主要区位特点是以附近一些具有雄厚科研力量的美国顶尖大学为依托，主要包括斯坦福大学（Stanford University）和加州大学伯克利分校（UC Berkeley），同时还包括加州大学其他的几所校区和圣塔克拉拉大学等。硅谷以高新技术的中小公司群为基础，同时拥有谷歌、Facebook、惠普、英特尔、苹果公司、思科、英伟达、甲骨文、特斯拉等大公司，融科学、技术、生产为一体。

硅谷文化主要体现在四个方面。（1）崇尚创业、追求卓越的价值取向。在硅谷，一方面，人们最向往的就业去向不是已经定型的大公司，而是倾向于创业公司或自己创业；另一方面，随着社会生活的发展，产品与技术日新月异，公司及个人唯有秉承创新的理念，方能使自己在市场的不断更新中寻求自身生存的空间。（2）平等竞争、精诚合作的创业氛围。要将所需、所想转变成现实，就必须有一个适宜的创业环境，那就是平等竞争、精诚合作气氛的创业氛围。这种平等竞争、精诚合作既存在于公司内部，又弥漫在公司与公司之间。（3）容忍失败、自由进出的人文关怀。这不是某届政府或某位领导人的具体关怀行动，而是文化中所透露出的以人为本的大爱情怀，主要表现为接纳客观现实和尊重个人意愿。（4）风险投资、重视回报的求财欲望。风险投资出现在二战之后，于20世纪80—90年代在美国大获成功，遂被英、日等国纷纷效仿。在某种程度上，风险投资成了中、小企业的孵化器，赫赫有名的苹果公司、IBM公司、雅虎公司等在起步发展阶段都曾经历过风险投资的孵化。如今，硅谷的沙丘路（Sand Hill Road）吸引了约"全世界一半的风险投资商"，曾经沉寂的沙丘小路一跃成为硅谷高新科技企业乃至硅谷发展的引擎。

3.DIY 文化

DIY（Do It Yourself，自己动手）原本是个动作，用以满足个体的衣食住行，长期存在于人类社会发展的各个历史阶段。在20世纪60年代，西方开始兴起一股不依赖专业工匠，通过利用适当工具与材料亲自修缮房屋、维修家具、组装电器等的动手热潮，进而将"自己动手（DIY）"上升为一种生活方式和文化理论，其对个体劳动及创意的强调与现代主义及后现代主义思潮是相一致的。在这种现象背后是一种对所有权的探讨，倡导一种创造文化而非消费文化。随着信息技术、开源软件运动与新型生产工具的发展，DIY活动向科技领域蔓延，爱好者可以利用互联网、3D打印机和各种桌面加工设备将各种创意变为实际产品。信息时代，创客们正在将DIY运动推向网络——"公众制造",将网络效应规模不断扩大。

DIY 在国外兴起已经有 50 多年的历史,日益兴盛,无论在材料市场还是商业模式方面都已经非常完善。20 世纪末,随着电脑在中国的引入和发展,一些发烧友开始买回相应的硬件和软件,自己动手组装。此举不仅可以节约费用,而且可以炫耀一下自己的创意和乐趣,更重要的是可以组装适合自己使用个性的电脑。正是这批人首先接触并引入 DIY 理念,进而将其推向自己装单车、自己制衣服、自己做礼品等方方面面,推动 DIY 手工坊出现于市场。说到底,DIY 文化是特定精神理念的反映,这主要反映在以下两方面:一是强调自己动手,体现的是一种生活理念和精神,这与强调自食其力、自力更生的主流传统文化是一脉相承的;二是彰显自我存,现代工业文明中的生产流水线对个性化需求有一定限制,而个性则是自我存在的表现,也是个人存在的最终哲学理据,通过 DIY 及产出能有效地凸显个体的与众不同之处,从而获得彰显自我存在的满足感和愉悦感。

4. 黑客文化

黑客由英文单词 hack 的派生词 hacker 音译而来,hack 意即"劈、砍",引申为"劈出、开辟"而渐有褒义色彩——这与黑客以及黑客文化的最初崛起是相吻合的。一般认为,最早的一批黑客诞生于 20 世纪 50—60 年代美国麻省理工学院的贝尔实验室,他们为了检测计算机硬件和软件的漏洞并不断加以完善,常常通宵达旦地进出、分析和研究计算机系统,其共享程序源代码及纠错改进的工作被称为"hack"。20世纪70年代，涌现出一批誓要打破计算机垄断的年轻黑客，大名鼎鼎的苹果公司创始人史蒂夫·乔布斯（Steve Jobs）和微软公司创始人比尔·盖茨（Bill Gates）便是出色的代表。当然，在此需要将黑客与背叛黑客伦理及其文化精神，利用技术优势违规破解（crack）商业软件，从而能够出入他人商业服务器，以窃取他人资料牟利的骇客（cracker）进行区分。

黑客们早期推动了计算机大众化，不仅促进个人电脑的生产，而且打破了计算机技术的垄断。他们是计算机领域的真正"盗火者"。黑客们坚持认为只要不行窃和不泄密就应充分肯定信息分享，信息分享的手段主要是编写开放源代码程序、便利获取信息和推动利用计算资源。即便在软件进入各国版权保护视野之后，真正意义上的黑客仍在坚守他们的伦理文化，基于信息共享的理念先后掀起"开放源代码运动"和"自由软件运动"（Open Source），并进一步把通过网络共享的分散信息以开发软件的模式发展成为"集市"模式。可以说，黑客文化经过了商业利益的冲击后，又展现出新的生机。尤其是黑客文化并没有排斥牟利的商业价值观，而是正在包容它。可以看出，黑客伦理所折射出来的自由、分享、合作、开放、民主、探索等文化精神依然列于现代社会正能量文化范畴，成为今日创客文化的沃土。

同时，在黑客群体外还有一个叫"极客"的群体。"极客"是美国俚语"geek"的音译。随着互联网文化的兴起，这个词含有智力超群和努力之意，又被用于形容对计算机和网络技术有狂热兴趣并投入大量时间钻研的人。现代的 geek 含义虽然与过去有所不同，但大多还是相似的，现在 geek 更多有一种在互联网时代创造全新的商业模式、尖端技术与时尚潮流的意思，是一群以创新、技术和时尚为生命意义的人。这群人不分性别，不分年龄，共同战斗在新经济、尖端技术和世界时尚风潮的前线。

第二节　创客空间：创新实践的游乐场

★案例：深圳柴火创客空间　自由开放的协作平台

柴火创客空间创办于 2011 年，作为深圳第一家创客空间，

承载了一分执著、一份信念，给在深圳的创客们带来一个可以拧成一股绳的契机。柴火创客空间寓意于"众人拾柴火焰高"，为创新制作者（maker）提供自由开放的协作环境，鼓励跨界交流，促进创意的实现以至产品化。

柴火创客空间是机器科技的工作坊。空间提供基本的原型开发设备如 3D 打印机、激光切割机、电子开发设备、机械加工设备等，并组织创客聚会和各种级别的工作坊，现在拥有开源硬件、Linux 及嵌入式开发、物联网、绿色能源、城市农场等多个主题，并在不断增加中。2015 年 1 月 4 日，国务院总理李克强来深圳视察期间，到访柴火创客空间，并成为柴火的荣誉会员。

从柴火走出一批成功的项目，如致力于成为开源硬件领域的乐高的 Makeblock、世界第一款游戏互动养成智能配饰 Betwine、深圳蓝胖子机器人 Dorabot、充满乐趣并像朝阳一般的 Shenzhen DIY 等。创客社区的小伙伴们共同成就了柴火，而柴火只是深圳创客社区的一个缩影。创客具有独立思想、高尚情怀以及创业梦想。众人拾柴火焰高，每一个创客不只是柴火的会员与访客，更是柴火的建设者。

柴火的理念是为创客提供一个理想的场所，让来自各界各有所长的人碰撞出更多的火花，并且加些催化剂，把这火花燃得更欢腾，让普通大众能够看到，能够感受，能够喜欢。创客来源于生活但不拘泥于生活。柴火一直都想把不甘寂寞的人变为创客，让创新创业变为他们不甘寂寞的一种宣泄。目前，柴火创客空间是一个中立的组织，不以营利为目的。它由深圳矽递科技有限公司牵头成立，靠第三方赞助、会员会费、每周末的工作坊、寄卖创客作品以及场地对外租借的形式获取经费，维持自身运营。

一、创客空间

（一）创客空间

创客空间在国外有很多叫法，如makerspace、hackerspace、hacklab、creativespace等，它是创客们交流互动和动手创作的固定场所，是一种全新的组织形式和服务平台，是社区化运营的工作空间。它通过向创客提供开放的物理空间和原型加工设备，组织相关的聚会和工作坊，从而促进知识分享、跨界协作以及创意的实现以至产品化。如美国《创客》杂志将"创客空间"定义为："一个真实存在的物理场所，一个具有加工车间、工作室功能的开放交流的实验室、工作室、机械加工室。"

经过多年的发展，创客运动已经把创客空间模式推动到一个比较成熟的阶段，对社会创新与科技进步产生深远的影响。1984年，德国成立欧洲最大也是最早的混沌电脑俱乐部（Hackerspace Chaos Computer Club），随后奥地利的Metalab、美国的TechShop和Fab Lab等创客空间逐步形成，全球创客空间网络不断扩展，创客运动热潮不断高涨。随着创客概念的引入，中国也逐渐诞生类似的场所。国内第一个创客空间是 2010 年诞生于上海的新车间，类似的还有北京创客空间、深圳柴火创客空间、杭州洋葱胶囊等等。信息技术的融合和发展催生知识社会的到来。面对瞬息万变的用户需求以及个性化产品定制，以技术研发为导向、科技工作者为主体、科研实验室为载体的创新 1.0 模式面临时代的挑战；而以用户为中心、以社会实践为平台、以协同创新和开放创新为特点的创新 2.0 模式正在逐步显现。作为一种开放式创新的空间，创新 2.0 模式下诞生的创客空间不同于创新 1.0 时代的科研实验室。它是创新民主化的集中展现，是"众创"的集成空间，作为推动社会生产方式和生活方式变革的重要力量，促进创客运动和创客文化的蓬勃发展。

（二）创客空间 Vs 众创空间

"众创空间"这个词在国外并没有，它是中国语义背景下的一个新词。众创空间是国家科技部在调研北京、深圳等地的创客空间、孵化器基地等创业服务机构的基础上，总结各地为创业者服务的经验之后提炼出来的一个新词。众创空间与传统创客空间不同的地方，主要表现在对创业孵化功能的强化，所以可以这样理解：众创空间 = 创客空间 + 创业孵化。

从内涵上看，从创客空间到众创空间，并非简单字面上的改变，而有着其功能上的差异。除了传统创客空间注重创新创意分享与物化的基本功能外，众创空间更多的是一种创新创意转化空间，是一种创业孵化平台。需要说明的是，很多国内外的社会化创客空间本身具有创业孵化功能，只不过沿用创客空间这一称呼而已。众创空间则是通过创新创意的自造与分享，最终直接指向创业孵化。这是一般所指的创客空间与众创空间最大的区别。众创空间作为技术创新活动开展和交流的场所，是技术积累的场所，也是创意实现以及孵化甚至交易的场所。

从外延上看，众创空间是在中国"大众创业""草根创业"的特殊背景下形成的，契合"万众创新""人人创新"的新态势，是传统创客空间发展到一定阶段后的产物，可以理解为众化后的创客空间或创客空间的"升华版"。一方面，与传统的孵化器相比，众创空间提供门槛更低、更便利的创客成长和创业服务平台；另一方面，除了提供创新创业分享与创造空间，众创空间还构建了一种融创业培训、投融资对接、工商注册、法律财务、媒体资讯等于一体的、全方位创业服务的生态体系。

从功能上看，众创空间与孵化器略有重叠，但比后者范围更广。众创空间是一种个人创新创业和小微创新企业成长的综合服务平台，体现出市场化、专业化、集成化、网络化的特点，强调创新与创业、线上与线下、孵化与投资相结合。实际上，各类创客空间、创业咖啡、创新工厂等，都是众创空间的具体表现形式。

2015年3月2日，国务院办公厅印发《关于发展众创空间推进大众创新创业的指导意见》，部署推进大众创业、万众创新工作。提出要"加快构建众创空间。总结推广创客空间、创业咖啡、创新工场等新型孵化模式，充分利用国家自主创新示范区、国家高新技术产业开发区、科技企业孵化器、小企业创业基地、大学科技园和高校、科研院所的有利条件，发挥行业领军企业、创业投资机构、社会组织等社会力量的主力军作用，构建一批低成本、便利化、全要素、开放式的众创空间。发挥政策集成和协同效应，实现创新与创业相结合、线上与线下相结合、孵化与投资相结合，为广大创新创业者提供良好的工作空间、网络空间、社交空间和资源共享空间。"

2016年2月14日，国务院办公厅印发《关于加快众创空间发展服务实体经济转型升级的指导意见》，提出："促进众创空间专业化发展，为实施创新驱动发展战略、推进大众创业万众创新提供低成本、全方位、专业化服务，更大释放全社会创新创业活力，加快科技成果向现实生产力转化，增强实体经济发展新动能。通过龙头企业、中小微企业、科研院所、高校、创客等多方协同，打造产学研用紧密结合的众创空间，吸引更多科技人员投身科技型创新创业，促进人才、技术、资本等各类创新要素的高效配置和有效集成，推进产业链创新链深度融合，不断提升服务创新创业的能力和水平。"

从我国政府有关文件来看，众创空间是顺应创新2.0时代用户创新、开放创新、协同创新、大众创新趋势，把握全球创客浪潮兴起的机遇，通过市场化机制、专业化服务和资本化途径构建的低成本、便利化、全要素、开放式的新型创业服务平台的统称。众创空间包括创客空间、联合办公空间、创业孵化器、加速器、创业社区等多种形式，是一个创业要素集大成的平台。顺应创新2.0时代推动大众创业、万众创新的形势，构建面向人人的"众创空间"等创业服务平台，对于激发亿万群众创造力，培育包括大学生在内的各类青年创新人才和创新团队，实现创新引领创业，创业带动就业，打造经济发展的"新引擎"，具有重要意义。

二、众创空间运行模式

★案例：海尔　创新从制造产品到孵化创客

自 1984 年创业以来，海尔从一家资不抵债、濒临倒闭的集体小厂，发展成为如今的全球白色家电第一品牌，一直保持着"因时而变"的企业文化。在张瑞敏看来，企业发展要经历三个阶段：第一个是传统时代，客户即一切，谁有大客户谁就有品牌；第二个是流量时代，靠营销，靠渠道，谁流量大谁就是品牌；现在已经进入第三阶段，用户资源时代。

在互联网时代，用户的个性化需求快速变化，企业要捕捉和满足用户需求，就必须进行互联网转型。海尔通过互联工厂直连用户，从过去的大规模制造变为大规模定制。互联工厂将用户需求整合到一起，让用户参与到生产制造的全过程，并且将设计、研发、制造等供应商资源也整合到平台上，能够快速满足用户的个性化需求。这也是海尔的互联网转型始终所讲的"去中心化、去中介化"，围绕这个核心进行，致力于打破传统科层制组织的限制，从内部组织的并联逐渐发展到目前开放的生态圈和平台。

　　海尔创业平台的特色之处，在于能够提供小企业所不具备的战略协同能力，将平台上的制造、物流、分销等能力整合成生态系统，为创业企业提供服务。同时，海尔还搭建起共享平台，将财务、人力等基础服务变成信息化服务，让小企业降低成本、少走弯路。企业转型为生态系统的同时，海尔员工也从被动的执行者转型成为创业者和动态合伙人。在海尔内部现在只有三类人——平台主、小微主和创客。创客和用户连接在一起，吸引一流资源和利益攸关方以对赌的方式融入进来，形成一个个社群，构成创业的基本单元，也就是小微生态圈；小微主通过开放竞单的方式产生，并动态"官兵"互选；平台主负责提供生态圈需要的阳光、土壤和水。

　　目前，海尔集团主要聚焦三个平台的创新：白色家电转型平台、投资孵化平台和金融控股平台。为了将资源整合的效率最大化，海尔拆掉企业的墙，"把海尔的墙打开，和全球连在一起"，让"世界就是我们的研发部"，"世界就是我们的人力资源部"。通过整合全球资源，海尔实现企业效益和社会效益的双赢，让创客在开放的平台上利用海尔的生态圈资源实现创新成长。目前，海尔创业平台上已诞生雷神、小帅影院、智慧烤箱、快递柜等样板小微，其精益求精的产品和服务收获用户的广泛认同，也向外界展示着海尔创客们与时代同行的"工匠精神"。

　　众创空间刚刚兴起，虽然提倡不通过租金而通过专业化创业服务盈利，但由于处于高速发展的历史早期，运营模式尚在探索完善中。当前市场上运行的众创空间主要有以下几种模式。

（一）以"开放技术平台＋产业资源支持"为特征的模式

平台型企业依托行业领军优势，征集与筛选创新项目和团队，提供技术服务平台、种子基金、团队融合、行业资源对接等服务，帮助小企业快速成长。如微软创投加速器面向早期创业团队和初创企业，提供为期半年的"开放技术平台＋全球技术专家指导＋创业辅导"孵化服务；百度、腾讯、阿里巴巴、小米科技公司、联想集团等国内科技巨头无不积极打造基于自身平台的孵化器，完善平台生态链。

（二）以"早期投资＋全方位服务"为特征的模式

针对初创企业最急需解决的资金问题，以资本为核心和纽带，聚集天使投资人、投资机构，依托其平台吸引、汇集优质的创业项目，为创业企业提供融资服务，从而提升创业成功率。如李开复的创新工场设立系列化的投资基金，组建专业服务团队，为创业团队提供从开放办公空间到早期投资、产品构建、团队融合、创业辅导、市场开拓等全方位的创业服务解决方案。

（三）以"交流社区＋开放办公"为特征的开放互动模式

以活动交流为主，定期举办创意或项目的发布、展示、路演等创业活动，并提供一定的开放办公环境。如创业咖啡搭建起各类创新创业资源交流融合的平台，形成不同创业群体聚集交流的圈子。如3W咖啡面向大公司的职业经理人和技术骨干，通过俱乐部聚集优秀创业人才。在中关村的车库咖啡，创业者点一杯咖啡就可以在店里享用一天的免费办公空间和硬件设备，并且可利用室内的墙壁和网络平台发布业务交流、资本需求等各种消息。车库咖啡会定期举办免费创业讲座沙龙，组织创业团队之间交流互动，并定期邀请投资人和媒体人坐班，帮助创业团队对接投资人。

（四）以"创业培训+早期投资"为特征的发掘培育模式

旨在利用大学的教育资源和校友资源，以理论结合实际的培训体系为依托，建立大学创新创业实践平台。如联想控股与中国科学院共同推出的"联想之星创业CEO特训班"提供"创业教育+创业投资+创业辅导+创业交流平台"服务，由企业家、投资人、教授联合授课和指导。清华大学与清华科技园共同推出的"创业行"，按照"创业培训+早期投资"的方式，结合专业投资机构和培训机构的优势，为青年人才、大学生创业提供创业培训、创业辅导、早期投资等服务。

（五）以"线上媒体+线下活动"为特征的融资对接模式

创业媒体搭建项目展示推广、交流对接等平台，发掘、筛选、推广优秀创业项目。如36氪采用"网络媒体+线下活动"的方式，帮助创业企业推广产品、提供投融资对接与交流。创业邦采取"媒体+创业大赛+创业家俱乐部+基金"的方式，发挥创业导师优势，发掘优秀创业项目。创业家以"媒体＋创业大赛＋基金"的方式，定期举办"黑马大赛"、创业沙龙、项目展示等活动。

（六）以"传统地产＋创业服务"为特征的联合办公空间模式

这种模式越来越被转型中的房地产企业所关注，即搭建平台做运营商，盘活自己的存量资源或者租赁市面上的存量资源，为创业者提高联合办公空间。如 SOHO 3Q 项目，主打"办公室在线短租"；优客工场（UCOMMUNE）致力于打造中国最温暖的创业办公、人脉社交与服务生态圈。绿地、亿达等知名房企也积极嫁接"互联网＋"因子，企图打造中国版联合办公租赁空间运营商。同时，作为全球领先的工作场所创新解决方案供应商的 Regus 和 WeWork 的模式，也经常被国内相关企业借鉴学习。

（七）综合创业生态体系型

提供综合型的创业生态体系，包括金融、培训辅导、招聘、运营、政策申请、法律顾问乃至住宿等一系列服务。例如，创业公社定位为"创业生态圈的运营商"，致力于为创业企业提供办公空间、创业公寓、互助社交和金融服务。

总之，各种众创空间作为支持创业创新的聚集空间，为创业者提供了专业化、个性化的创业服务，有力推动着科技创业热潮，形成"大众创业、万众创新"的创新氛围，引领中国创业迈向新的时代。

第三节　众创文化：民智国强的精神食粮

★故事：庖丁解牛

庖丁为文惠君解牛，手之所触，肩之所倚，足之所履，膝之所踦，砉然向然，奏刀騞然，莫不中音。合于《桑林》之舞，乃中《经首》之会。

文惠君曰："嘻，善哉！技盖至此乎？"

庖丁释刀对曰："臣之所好者，道也，进乎技矣。始臣之解牛之时，所见无非牛者。三年之后，未尝见全牛也。方今之时，臣以神遇而不以目视，官知止而神欲行。依乎天理，批大郤，导大窾，因其固然，技经肯綮之未尝，而况大軱乎！良庖岁更刀，割也；族庖月更刀，折也。今臣之刀十九年矣，所解

数千牛矣，而刀刃若新发于硎。彼节者有间，而刀刃者无厚；以无厚入有间，恢恢乎其于游刃必有余地矣，是以十九年而刀刃若新发于硎。虽然，每至于族，吾见其难为，怵然为戒，视为止，行为迟。动刀甚微，謋然已解，如土委地。提刀而立，为之四顾，为之踌躇满志，善刀而藏之。"

文惠君曰："善哉！吾闻庖丁之言，得养生焉。"

（节选自《庄子·养生主》）

有人说创客都是天才，这有一定的道理，可更重要的是孕育天才的土壤，即精神和文化。营造"互联网＋"时代的众创精神和文化，要重点培育精雕细琢、精益求精的工匠精神，自强进取、个性开放、协作分享、融合创新、重工尚器的创客精神，着力构建实现民智国强和"中国梦"的精神食粮。

一、工匠精神

创客身上体现出的是一种永无止境地追求创新、力求精益求精的精神，与既有的工匠精神一脉相承。工匠精神，是指工匠对自己的产品精雕细琢、精益求精的精神理念，是追求卓越的创造精神、精益求精的品质精神、用户至上的服务精神。工匠精神并非舶来品，在中国也有着悠久的历史，如四大发明的发明者，都是了不起的工匠。入选小学语文课本并广为流传的"庖丁解牛"的故事，就对工匠精神有着很好的阐释。厨师给梁惠王宰牛，他的手所接触的地方，肩膀所依靠的地方，脚所踩的地方，膝盖所顶的地方，哗哗作响，进刀时豁豁自如，没有不和音律的。梁惠王问："你解牛的技术怎么竟会高超到这种程度啊？"厨师回答说，他凭精神和牛的接触，而不用眼睛去看，依照牛身体本来的构造，用很薄的刀刃插入有空隙的骨节。他的刀用了十九年，还像刚从磨刀石上磨出来的一样锋利。厨师还说：每当碰到筋骨交错很难下刀的地方，他就更加小心翼翼，提高注意力，视力集中到一点，动作缓慢，执刀轻柔，哗啦一声，牛的骨和肉一下子就分解开了。庖丁解牛的故事告诉人们一个道理，做任何事只有做到手到、心到、神到，并且专注、专业，才可能达到登峰造极、出神入化的境界。

我国春秋时期的鲁班，出身于工匠世家，自幼勤于钻研、善于动手、乐于创新。他一生创造发明的东西很多，如锯子、刨子、墨斗、曲尺、铲子、钻子、云梯等，成为盖房、雕刻、造桥、制造木工器械的能工巧匠，被推崇为土木工匠"祖师"、农业器具的发明家、"巧圣公输子"。他集匠心、师道、圣德于一身，巧技制胜，规矩立身，授业解惑，创新垂法，博施济众，为中华民族留下丰富的物质文明和精神文明财富。以他的名字命名、创立于1987年的中国建筑工程鲁班奖，是国内建筑行业工程质量最高荣誉奖，授予创建出一流工程的企业。在急速进步的创造时代，我们亟须更多"鲁班式"的匠人们，通过最朴实的方式实践"行胜于言"的训诫，达成"刨以致创"的不朽，展现中国大匠神工的制造水准。工匠精神是对职业的敬畏，不仅是制造业的支撑，更是各行各业职业人的圭臬。

《工匠精神》（*The Tinkerers*）的作者亚力克·福奇（Alec Foege）认为，工匠精神包含三方面含义。第一，用我们周围已经存在的事物制造出某种全新的东西；第二，工匠们的创造行为在最初没有明确的目的性，就算有也和当时确定好的目的有很大不同，能够激发人们的激情和对它的迷恋；第三，它是一种"破坏性行为"，工匠们背对历史开始一段充满发明创造与光明的全新旅程。工匠精神在许多国家的文化传统中都有具体体现，比如在日本渗入国民性格中的"职人精神"。美国的开国元勋几乎都是各个领域的工匠，发明避雷针、远近视两用眼镜、里程表的本杰明·富兰克林通常被认为是美国的第一位工匠，同样的称号也能"套"在乔治·华盛顿身上，托马斯·杰弗逊发明了坡地犁、旋转椅和通心粉机，詹姆斯·麦迪逊发明了一个观察地面上生物的内置显微镜手杖，亚历山大·汉密尔顿则是当代金融工匠的鼻祖，他建立了联邦公共信用体系和美国造币局。瑞士人则通过制表，将一项技术发挥到极致，顶级品质造就顶级品牌，向人类展示其工匠精神。德国人以严谨的态度、认真负责的精神，铸造现今德国制造的良好口碑。

工匠精神是中国几千年文化里的重要元素，无论是举世闻名的五大名窑、五彩夺目的陶瓷艺术、司母戊鼎的铸铜技术、工艺精湛的炼铁技术，还是华丽瑰宝敦煌莫高窟、万园之园圆明园、宏伟壮丽的紫禁城，即使历经千年，依然令人惊叹。打造这些艺术瑰宝的工匠早已湮没在历史长河中，但他们所秉承的对产品精雕细琢、精益求精的信念却世代相传。中国古代的工匠精神在墨家学派更受推崇，其创始人墨翟具有工匠背景，门徒亦多出身于"农与工肆"。墨家是春秋战国时期的重要学派，亦是"法""利""技"思想的重要起源，其门人在认识论、逻辑学等领域成果斐然。道家学派对工匠精神也有所领悟，庄子"技精近乎艺，艺精近乎道"中对"技""艺""道"三种境界的理解，可以视为中国人对工匠精神的高水平研究。然而中国历史上独尊儒术与重理轻器的主流社会文化价值观，使得工匠精神常常被视作奇巧淫技与不务正业，墨家未得善终，木匠皇帝明熹宗还常被拿来当作中道荒废与玩物丧志的典型。相较于近代各主要大国对工匠精神的推崇，中国对工匠精神的荒废形成了鲜明的对比。

2016 年国务院《政府工作报告》指出："鼓励企业开展个性化、柔性化生产，培育精益求精的工匠精神，增品种、提品质、创品牌。"改革开放以来，经过三四十年的发展，我国经济正摆脱低端竞争格局，中国制造正在向中高端迈进，"工匠精神"正是中国制造打破国人到国外买马桶盖、电饭煲的囧况而亟待补上的"精神之钙"。工匠精神，是生产、设计者在技艺和流程上精益求精，追求完美和极致，以质量和品质赢得行业领先地位和消费者信赖的精神。工匠精神体现一种踏实专注的气质，在如切如磋、如琢如磨的钻劲背后，是对品牌和口碑的敬畏之心。工匠不一定都能成为企业家，但大多数成功企业家身上都有这种工匠精神。使制造大国能造出圆珠笔的"圆珠"，推进"新国货"，让"世界爱上中国造"等需要工匠精神，发展新经济、培育新动能更在呼唤工匠精神。一个充满活力、创新驱动的中国，既需要天马行空的"创造力"，也需要脚踏实地的"工匠心"。

二、创客精神

随着近代科层化的现代企业制度的建立，社会分工的细化与机械化大生产的盛行，工匠逐渐消失在全自动的流水线上，以至于很多人担心工匠精神会消亡。然而，创客运动的到来打碎了这种顾虑，创客精神变成信息时代工匠精神的遗产继承人。随着信息通信技术的融合与发展，传统的知识边界、实验室边界、办公室边界、工厂边界被打破。通过开放式的创新、社会化协作和大众的参与，知识的壁垒被消除，工匠精神的继承与发展也从精英变成了草根大众。创客精神作为工匠精神的演进物还有了一些适应知识社会创新 2.0 的新特征。这些特征主要有三个方面，从个人成长的角度，创客精神提倡个体的自强进取与个性开放；从社会发展的角度，创客精神提倡协作分享与融合创新；从民族与国家的繁荣与昌盛的角度，创客精神提倡重工尚器与民智国强。三者作为一个整体构成创客精神的实质。

（一）自强进取，个性开放

创客精神的第一层含义针对个体，试图塑造学习者个体自强进取和个性开放的精神品质，以适应创新 2.0 时代对个体创新素养的要求。其中自强进取代表对真理永无止境的追求，为了创新不怕万难的冒险精神，和不惧怕失败的意志品质。现代创客们往往与各种各样的身份标签有关，如他可能是游离于主流文化外的狂热者、发烧友；可能是狂热地迷恋某一主题，不断探索以获得真知并成为"达人"的人群，如军事宅、艺术宅和最接近创客概念的技术宅；也可能是上文提到的有关黑客、极客等电脑怪杰（Computer Geek）、科技怪杰（Techno-Geek）。他们虽然身份标签各异，但同时又几乎都一样有着近乎偏执的自强进取精神，且由于性格孤僻、自闭，常患有"社交恐惧"，因此空有一身能够改变世界的本领，却大多只是"宅"在自己的圈子里孤芳自赏，不与人分享。创客精神的培育，从个体角度来说，就是要一方面磨炼主流文化中普通大众的自强进取的精神品质，另一方面解放如发烧友、达人、极客（Geek）等人群的个性，使之能够拥抱社会，将自身的本领用于为人类社会更加美好而创新的工作当中。

（二）协作分享，融合创新

创客精神的第二层含义针对社会，需要培育社会群体协作分享的精神，以实现融合创新的愿景。在精英主导创新的时代，创新最初是只需要天才个体的自强进取的。随着科学技术的飞速发展和创新所需知识的爆炸性增长，创新从依靠精英个体转变成依靠精英群体的合力，就像苹果的成功，更多是史蒂夫·乔布斯及其背后包括蒂姆·库克、乔纳森·埃维等众多精英人才凝聚成的合力奋斗的成果。以"创新理论"解释资本主义本质特征而闻名的经济学家约瑟夫·熊彼特（Joseph Alois Schumpeter）提出的融合创新的观点解释了这种现象。融合创新将各种创新要素通过创造性的融合，实现互补匹配，从而使创新系统的整体功能发生质的飞跃，形成独特的不可复制、不可超越的创新能力和核心竞争力。融合创新关注创新的持续性，通过不断地迭代，使相关人员形成具有交互功能的团队，充分利用个人和团队的创造性思想，利用现有的技术，形成交互的复杂创新系统，从而形成创新的融合，并产生新的核心竞争力。由于草根个体的才智多不如精英，由草根大众发起的创客运动要试图改变精英垄断创新的局面，就必须依赖协作分享，形成比精英及其群体更强大、更具凝聚力的融合创新合力，践行"世上没有完美个人，但可以有完美团队"的信念。现代创客运动的发展，需要帮助全社会培育协作分享精神，以实现基于草根大众的融合创新的愿景。

（三）重工尚器，民智国强

创客精神的第三层含义是相对于民族与国家提出的，试图在全社会营造重工尚器的民族文化氛围，以促进民族智慧的增长，促进国家的繁荣与强盛。1900 年，梁启超（1873—1929）在《少年中国说》中写下的醒世名言"少年智则国智，少年富则国富，少年强则国强"，可以作为国家层面创客培育的座右铭。百年前奥地利政治经济学家约瑟夫·熊彼特坚信市场经济的活力主要来自那些拥有颠覆性创新能力的新企业，而一个国家长远的繁荣昌盛也来源于此。在 21 世纪各国的竞争与较量中，靠创新驱动发展的工业制造业都是立国之本。近年来，美国加速推进"再工业化"，大张旗鼓要重返制造业；德国提出工业 4.0 战略，力求实现"绿色的"智能化生产；中国则推出了"中国制造 2025"等。这些战略的背后意图是实现制造业的升级和转型。借助创客运动的东风，在全社会范围内营造重工尚器的文化氛围，近期有助于为工业制造业的创新提供大量急需的草根智慧人才，长远还能促使原本就有很多交集的创意文化产业与工业制造业之间的耦合关系更加紧密，令工业制造业与文化产业生态化和谐发展，最终实现中华民族伟大复兴与国家繁荣富强的"中国梦"。党的十九大报告指出："激发和保护企业家精神，鼓励更多社会主体投身创新创业。建设知识型、技能型、创新型劳动者大军，弘扬劳模精神和工匠精神，营造劳动光荣的社会风尚和精益求精的敬业风气。"

无论对于个体、社会，还是民族与国家，培植具有创客精神特征的众创文化都成为一种必然的选择。这场由草根发起、领袖倡导的众创运动，具有创客、创造、创业结合的丰富内涵，正在颠覆着由少数人统治创新的垄断局面，使我国走进大众创业、万众创新的新时代，助推我国由"中国制造"转向"中国智造"和"中国质造"，极大提升我国科技与经济的国际竞争力，具有十分重要的战略意义。

【推荐阅读】

1. ［美］克里斯·安德森，创客：新工业革命［M］.北京：中信出版社，2012.

2. 吴霁虹.众创时代［M］.北京：中信出版社，2015.

3. 丁大琴.创客及其文化历史基因探源［J］.北京社会科学，2015（08）：22-28.

4. 祝智庭，雒亮.从创客运动到创客教育：培植众创文化［J］.电化教育研究，2015，36（07）：5-13.

5. 徐思彦，李正风.公众参与创新的社会网络：创客运动与创客空间［J］.科学学研究，2014，32（12）：1789-1976.

6. 刘建昌，李晓飞，石秀.基于长尾理论的创客运动多品种小批量生产模式分析［J］.科技管理研究，2015，35（12）：8-12.

7. Christopher，Titi.中国进入创新大时代［J］.南风窗，2016，（08）：16-17.

第二章
创客创新：源于生活

　　"科学技术是第一生产力。""创新是一个民族进步的灵魂。"当这些有关创新的口号和认知回荡在耳边的时候，新一届国家领导人旗帜鲜明地提出"大众创业、万众创新"的行动号召。早在 2014 年 9 月的夏季达沃斯论坛上，国务院总理李克强提出，要在 960 万平方公里的土地上掀起"大众创业""草根创业"的新浪潮，形成"万众创新""人人创新"的新态势。2015 年 3 月的全国两会上，李克强在《政府工作报告》中提出"大众创业，万众创新"。他如此表述：推动大众创业、万众创新，"既可以扩大就业，增加居民收入，又有利于促进社会纵向流动和公平正义"。在论及创业创新文化时，强调"让人们在创造财富的过程中，更好地实现精神追求和自身价值"。人人都可以创新，创新源于生活，必将改变生活。

第一节　创新大时代

★案例：滴滴出行　滴滴一下，让出行更美好

移动互联网的高速发展，正在加速改变着我们的衣食住行。出行领域，随着 2012 年滴滴打车和快的打车相继成立，发生革命性的改变。2015 年 2 月 14 日，时值西方的情人节，滴滴、快的宣布合并，合并后的新公司成为全球最大的移动出行平台。

2015 年 9 月 9 日，正值滴滴打车成立三周年之际，滴滴打车正式公布了全新品牌升级和标识，"滴滴打车"更名为"滴滴出行"并启用新 Logo——一个扭转的橘色大写字母 D。滴滴表示，新品牌体代表着其服务于人们（People），用移动互联网创新思维（Innovation），来解决人们出行（Journey）的

痛点，从而让每一个人获得满意（Satisfied）的体验。滴滴希望通过提供不同的出行服务，让乘客享受到便捷、安全、有品质、服务好的体验。2016年8月，滴滴出行收购优步（Uber）中国。

2016年11月，滴滴出行入选《财富》杂志主持评选的"2016年改变世界50家公司"榜单。《财富》认为，新一代的社会变革领袖，注重于将社会责任灌注于企业核心战略布局，"创造共享价值"。与传统企业在业务之外进行慈善与公益活动相比，共享价值型企业更能在充分的市场竞争中，在核心业务运营中直接创造可量化的社会影响。而滴滴充分符合以下"共享价值型"企业的标准：对全球环境或生活方式产生切实的革命性影响；在创造社会价值的同时实现商业成功和股东利益；具有引领行业的创新能力，包括与同行、政府和社会组织形成具有创新性的合作伙伴关系。

评审委员会表示："作为中国的共享出行独角兽企业，滴滴正面应对环境危机。滴滴战胜并收购了优步中国，而这一胜利并非仅仅因为中国政府对创新的支持，更因为滴滴以其日均1600万订单的规模，为中国用户提供了更好的服务，也为全世界做出贡献。中国城市为危险的雾霾污染困扰，而雾霾的三分之一来自汽车尾气排放，相当一部分大气污染飘出中国境外。根据滴滴的估算，2015年其业务在年化基础上日均减少了100万车次出行，相当于节约了5亿升汽油和1350万吨碳排放。滴滴的环保影响还不止于此。滴滴的出租车业务在400个城市有效降低了出租车空驶时间，巴士业务为较长途通勤提供私人巴士服务，而拼车业务减少了拥堵。"

目前，滴滴在中国 400 余座城市为 3 亿用户提供出租车召车、专车、快车、顺风车、代驾、试驾、公交和企业级等全面出行服务。在这个正在进行全球历史上最大规模的城镇化进程的国家，经济正蓬勃发展。滴滴响应中国政府的"互联网 +"和鼓励创新策略，通过移动互联网技术，聚合和调动零散的社会交通资源，有效地协助城市解决出行挑战，革新中国人的出行方式，成为解决城市交通、环保问题和就业挑战的重要力量。

滴滴创造性地提出"潮汐战略"，整合中国运力并通过分档运营的方式，来灵活满足高峰期、低谷期不同时段的民众出行需求。此外，凭借大数据技术驱动的持续创新，滴滴开发出拼车、顺风车等出行效率最大化产品，显示缓解拥堵和环境保护的巨大价值。滴滴通过拼车的方式，在道路资源一定、车辆资源一定的情况下增加了承载乘客量，提升资源效率，进而缓解中国城市交通拥堵。同时，滴滴为转型期中的中国经济提供新型就业机遇。滴滴出行 2017 年 1 月发布的《2016 年度企业公民报告》显示：2016 年全年，滴滴出行平台为全社会创造了1750.9 万灵活就业和收入机会，其中 238.4 万来自去产能行业，占 14%；87.5 万为退伍或转业军人，占 5%。每天，滴滴平台直接为 207.2 万司机提供人均超过 160 元的收入。

一、创新驱动发展

（一）世界创新驱动潮流

在越来越受知识驱动的全球经济中，创新已经成为经济增长和社会发展的基本动力以及保持和提高国家长期竞争力的关键因素。有鉴于此，世界各国纷纷行动起来，在各自不同的起点上努力寻求实现创新的道路。美国、英国、加拿大和澳大利亚等国家已经明确发布改善其创新绩效的国家创新战略。2009年开始，美国发布国家创新战略，用于指导联邦管理局工作，确保美国持续引领全球创新经济、开发未来产业以及协助美国克服经济社会发展中遇到的各种困难。2014年，德国内阁通过名为"创新为德国"的新高科技战略，旨在确保德国创新政策的连贯性，进一步加强德国的繁荣和经济增长。2010年以来，印度政府从国家层面强化科技创新战略规划，提出2010年至2020年为印度"创新的十年"，并推出"印度十年创新路线图（2010—2020）"，引导"大象之国"跳起创新之舞。以色列高科技领域的创新成就最为世人称道，科技对这个自然资源极度贫乏国度的贡献率超过90%。2017年4月，国家主席习近平将芬兰作为本年度对欧洲国家的首次出访国。这个地处北欧、仅有560万人口的小国，却拥有许多全球知名的创新科技企业，也是世界上首个将国家创新体系用于构建科技创新产业政策的国家。现今，不管是发达国家还是发展中国家，不管是大国还是小国，都越来越多地将创新作为驱动发展、提升国家竞争力的核心。

世界知识产权组织（WIPO）、美国康奈尔大学、英士国际商学院以"全球创新，制胜之道"为主题，联合发布《2016年全球创新指数（GII）》报告。该报告依据82项指标，对全世界128个国家和经济体的创新表现进行排名，结果显示：瑞士、瑞典、英国、美国、芬兰、新加坡、爱尔兰、丹麦、荷兰、德国位居前10名，中国名列GII第25位，成为首版GII报告发布9年来第一个跻身25强的中等收入经济体。同时，此次报告也得出如下结论：（1）通过全球创新避免陷入持续低增长模式。研究与开发（研发）和创新上的投资对于经济增长至关重要。（2）有必要采用注重全球创新的思维模式，对新治理框架进行讨论。科学和创新比以往任何时期都更为国际化，更注重合作，这在今天已是众所周知的事实。所有人都有可能从全球创新中受益。（3）创新正在变得越来越全球化，但差距依然存在。GII排名表明，多年来，创新领先者的全球多元化水平很高。（4）对于建立完善的创新体系，不能通过刻板僵化的途径实现。激励创新的举措和"创新的空间"发挥着重要作用。

现在，世界范围的新一轮科技革命和产业变革方兴未艾，信息科技、生物科技、新材料技术、新能源技术广泛渗透。现代国家竞争，主要是综合国力竞争，根本是创新能力的竞争。创新兴则国家兴，创新强则国家强，创新久则国家持续强盛。工业革命以来，世界经济中心几度迁移，但科技创新这个主轴一直在旋转、在发力，支撑着经济发展，引导着社会走向。一些欧美国家抓住蒸汽机革命、电气革命和信息技术革命等重大机遇，跃升为世界大国和世界强国。相比之下，因一次次错过世界科技革命浪潮，我国由全球经济规模最大的国家沦为落后挨打的半殖民地半封建社会，这是历史的教训、民族的悲哀。

（二）中国创新驱动战略

创新是引领发展的第一动力，是建设现代化经济体系的战略支撑。创新作为中国经济社会发展驱动力不断得到强化。1978 年，中共中央召开了全国科学大会。在 6000 多人参加的开幕会上，中共中央副主席、国务院副总理邓小平发表重要讲话，邓小平指出四个现代化的关键是科学技术的现代化，并着重阐述了科学技术是生产力这个马克思主义观点。1995 年全国科学技术大会上，国家主席江泽民指出："创新是一个民族进步的灵魂，是国家兴旺发达的不竭动力。"2012 年 11 月，党的十八大将科技创新摆在国家发展全局的核心位置，并作出实施创新驱动发展战略的重大部署。2014 年 11 月，国家主席习近平在 APEC 工商领导人峰会上发表《谋求持久发展 共筑亚太梦想》的主旨演讲，首次阐述中国经济发展新常态：一是从高速增长转为中高速增长；二是经济结构不断优化升级；三是从要素驱动、投资驱动转向创新驱动。从要素驱动、投资驱动转向创新驱动，是全球经济复苏势头不明朗，世界贸易投资格局变化不定，区域动荡无常的外部环境下，以及国内产能过剩、劳动力成本上升、资源环境承载压力加大，旧矛盾与新问题交织，经济下行压力较大的内部形势下，促进中国经济在新常态下可持续健康发展的必然选择。

2015年3月，新华社授权发布《中共中央国务院关于深化体制机制改革加快实施创新驱动发展战略的若干意见》。2015年10月，十八届五中全会将创新列为"五大发展理念"之首，摆在国家发展全局的核心位置。2016年5月，中共中央、国务院印发《国家创新驱动发展战略纲要》，成为我国当前建设创新型国家和世界科技强国的行动指南。《国家创新驱动发展战略纲要》指出，创新驱动就是创新成为引领发展的第一动力，是国家命运所系、世界大势所趋、发展形势所迫，并提出分三步走的战略：到2020年进入创新型国家行列，基本建成中国特色国家创新体系；到2030年跻身创新型国家前列，发展驱动力实现根本转换；到2050年建成世界科技创新强国，成为世界主要科学中心和创新高地。正如党的十九大报告指出："创新驱动发展战略大力实施，创新型国家建设成果丰硕，天宫、蛟龙、天眼、悟空、墨子、大飞机等重大科技成果相继问世。"

2016年5月30日，全国科技创新大会、中国科学院第十八次院士大会、中国工程院第十三次院士大会、中国科学技术协会第九次全国代表大会在人民大会堂同时召开。有学者认为，此次"科技四会"，无论从规格还是规模上，都与1978年召开的"全国科学大会"具有同样的历史性地位。在此次科技盛会上，习近平总书记把科技创新摆在更加重要的位置，提出"科技是国之利器，国家赖之以强，企业赖之以赢，人民生活赖之以好""科技创新、制度创新要协同发挥作用""科技创新、科学普及是实现创新发展的两翼"等重要论断，从而吹响建设世界科技强国的号角，开启全面创新的大时代。

创新驱动战略是以科技创新为核心的全面创新，既包括企业层面的产品、服务、市场、组织，也包括社会层面的治理体系、文化、政府管理等，是全社会的系统创新。创新是生产要素的重新组合，它不仅包括科技创新，还包括制度创新、文化创新、模式创新等各方面的创新。创新的本质特征在于革故鼎新。创新在政治上主要是改造旧世界、建设新世界；在经济上主要是提高传统生产要素的效率，创造新的生产要素，形成新的要素组合，为持续发展提供源源不断的内生动力；在思想文化上主要是弘扬传统精华、克服传统弊端，提出新思想、新观念、新学说、新风尚，创立新体系、新学派、新方法、新文风。因此，在全面创新的大时代，实施创新驱动战略归根结底依靠上下同心、全社会一起努力，推动创新发展在全社会蔚然成风，必须在"全面"上下更大功夫。

2017年，国务院印发《关于强化实施创新驱动发展战略进一步推进大众创业万众创新深入发展的意见》，指出：创新是社会进步的灵魂，创业是推进经济社会发展、改善民生的重要途径，创新和创业相连一体、共生共存。近年来，大众创业、万众创新蓬勃兴起，催生了数量众多的市场新生力量，促进观念更新、制度创新和生产经营管理方式的深刻变革，有效提高创新效率、缩短了创新路径，已成为稳定和扩大就业的重要支撑、推动新旧动能转换和结构转型升级的重要力量，正在成为中国经济行稳致远的活力之源。

二、创新 2.0 来临

★**案例：小米手机　用户创新过程**

小米公司（全称北京小米科技有限责任公司）成立于2010年4月，由雷军创办，是中国一家移动通信终端设备研制与软件开发企业。小米公司坚持"为发烧而生"的设计理念，聚焦小米手机、电视和路由器三大核心业务。小米公司首创用互联网模式开发手机操作系统、发烧友参与开发改进的创新模式。小米公司用户参与创新过程的模式主要体现在以下几方面。

（1）领先用户识别及市场定位

小米手机公司领先用户的识别除内部人员线下发掘外，主要是通过互联网平台，对大数据进行分析筛选来获得，比如通过对论坛、微信、微博、贴吧等众多关注小米的粉丝中的发帖量、有效意见、互动频率、在线时间等来识别和挖掘领先用户，领先用户对手机产品开发、改进与销售有很大帮助。

（2）用户—企业平台搭建

小米用户—企业平台的搭建主要有两种形式，一种是通过互联网平台所搭建的论坛、微信、微博、QQ粉丝群、贴吧及社交软件米聊等虚拟形式，其主要功能是实现用户与企业间及时沟通，实现信息的动态交互。小米通过设立某产品专门社区，用户将自己的创新成果发布在该平台上，然后由其他有更好方案的用户改进，以促使其进一步完善。另一种形式是设立专门的企业—用户线下平台，支持用户直接参与企业某产品的开发，有助于用户明确表达自己的需求，把他们的概念和要求转化为设计方案并参与产品的研发。

（3）组织设计与流程再造

组织设计与流程再造是针对那些直接参与手机产品开发的用户而展开的工作，由于用户的参与势必会打破原有的组织形态与流程，这就要求组织的重新设计与产品流程的再造。小米手机公司根据用户的技术能力设立相应的岗位，并确立职位说明书，如采纳某用户提出的外观意见后可以由其负责外观方面的相关工作。产品的创新流程也不是一成不变的，由于用户的加入，小米手机产品创新流程的各个环节也无不融入用户的身影。

（4）用户创新过程控制

小米对用户创新过程控制主要体现在两个方面，一个是对用户参与小米产品创新的各个环节的控制，如针对用户设岗，明确职位要求及各岗位间的衔接与工作进度的推进；另一个方面是对技术流失的风险控制，小米通过与用户签订相关知识产权协议来解决，协议中标明关键技术的来源，以确定技术来源的归属对于创新成果知识产权归属影响的问题。若由用户创新而来的技术，小米会根据公司需求，通过购买的途径创新来解决，在知识产权的保护上，小米也及时申请相关专利。

（选自朱明、严海宁：《用户创新的过程研究——以小米手机公司为例》，《江苏商论》2016年第35期）

（一）何谓"创新2.0"？

在人类社会不断发展进步的历史长河中，创新是亘古不变的主题。和美国等发达国家相比，我国的科技创新长期以来实行的是举国体制，以国家需要为主导，以重大科技攻关为导向、以国有院所和高校的科研人员为主体、以实验室为载体，以公共财政为经费来源。这一体制虽然能够集中力量办大事，在较短时间内依靠自主力量实现系列重大科技突破，一次次使五星红旗上天、入地、下海、登极，极大地鼓舞了国民，增强民族自信。但是在和老百姓息息相关的领域，却鲜有值得赞赏的经典成果，以至于我国在成为世界第二大经济体的同时，仍被"山寨"所笼罩。我们不禁要问，到底是我们的创新能力不行，还是创新模式出了问题？

反观美国，几乎走出一条完全别样的创新路径：苹果靠高度人性化的设计，击垮了摩托罗拉、诺基亚等老牌劲旅，以一款产品独霸天下；特斯拉靠核心电池技术，逆袭奔驰、宝马等百年霸主，成就跨时代的产品；马斯克的另一个企业太空探索技术公司（Space X）更是研制出世界首例可回收的火箭发射器，极大地降低成本，追赶美国航空航天局（NASA），开启私营航天的新时代。这些巨大的科技创新背后，没有哪个是政府主导，但依然可以改变世界，在为全人类的福祉做出贡献的同时，也使得美国经济能够持续领先。总结起来，美国的创新以创业者个人的理想和民间需求为重要的原动力，以社会实践为舞台、以满足用户的需要为中心、以大众参与产生的协同创新、开放创新为特点，涌现出大量的创新英雄，形成良好的创业氛围，继而全面带动国民经济的发展。我们称之为创新 2.0 模式。

相对于创新 1.0 是以生产为导向，以技术为出发点；创新 2.0 是以人为本，以服务为导向，以应用和价值实现为核心的创新，具有用户创新、开放创新、协同创新、大众创新的特征。创新 2.0 是面向知识社会及未来社会发展的下一代创新，是从精英创新转向用户创新的变革，是技术主导转向社会实践的开放创新、协同创新和大众创新，是更注重社会协作，更为开阔、更符合用户需求的大众创新实践。创客是面向知识社会的创新 2.0 模式在设计与制造领域的典型体现。创客活动不仅是创新 2.0 视野下用户创新的典型体现，也是协同创新的典型模式。它不仅仅是单一主体的用户创新活动，也是个体间的协作，是创客们通过构建虚拟组织，开展创造、生产的活动。创新 2.0 时代，创新不再仅仅限于实验室、工厂，创新触角延伸到用户端，新的协作也逐渐跨越传统的行业界限，可更好地提升生产效能，并实现更为人性化、定制化的产品。一个以用户为中心、面向服务的创新 2.0 时代已经全面到来，它激发着各个领域的创新和发展。

（二）创新 2.0 产生的背景

1.社会创新与技术创新双向驱动

技术创新是以企业为主体,应用先进的科技成果进行开发,并使之商业化、产业化的过程。技术创新以物质资源的重构重组为主要形式,其创新成果表现形式通常为新产品或新工艺,是对人类体力、脑力、生产力等个体能力的拓展。技术创新为社会创新提供工具和方法。社会创新通常以人类群体创造能力,包括群体协同能力及集成化生产力的拓展为主要特征,是以提升社会运转能力、满足社会需求为主要驱动的,其创新成果的表现形式通常为一种解决问题的思路和设想。社会创新为技术创新的发展创造环境条件,是满足社会需求的新的社会关系或协作关系的新方法。科技创新则是创新主体、创新要素交互作用下涌现的一种复杂现象,是社会需求与技术发展、技术创新与社会创新"双螺旋结构"共同演进的产物。科技创新的复杂涌现特性及双螺旋结构推动技术创新与社会创新的协同与发展。社会创新不仅是技术创新的动力源泉,还与技术创新协同互动,成为社会发展的两大动力。

2.新一代信息技术融合与发展为社会创新提供工具

信息通信技术的发展,促使社会组织及其活动边界的"消融"。信息及知识传播不再局限于边界及节点的物理限制,知识共享和创新演变进一步推动由信息社会向知识社会的演变。以移动技术为代表的新一代 ICT(Information Communications Technology,信息通信技术)的融合与发展,为随时随地随需的在线连接与交互提供技术支撑;云计算、大数据、3D 打印等技术的发展,为基于开放知识管理的个人制造、群体协作提供了机遇，可以更好地支撑知识社会条件下大众参与的协作与共创。新一代 ICT 的发展推动从个人通信、个人计算到个人设计与个人制造的演进，为大众参与创新、施展才能、汇聚众智提供重要的技术工具和信息平台，引领了草根创新趋势及全球创客浪潮。云计算、大数据、物联网、社会计算等信息技术发展使得协作更加容易，也使吸纳更多群体参与成为可能。能让人们聚集在一起通过分享知识、共同工作来实现自己的想法、创造新事物的实体空间即创客空间也应运而生。同时，借助基于互联网的开放、协作平台，创客们的交互、分享、共同创作过程也更为便利，从而形成创客的互联网社区，为分散在不同地区的创客们提供了分享信息、资源，交流学习和任务协作的平台。

信息技术与互联网经济的发展、信息和知识的扩散推动创新的民主化进程，与知识社会相适应，以用户创新、开放创新、大众创新、协同创新为特点的创新 2.0 时代已经来临。新技术革命浪潮会同经济发展转型、结构调整，带来创新驱动发展的新格局。伴随中国经济的"新常态"，是创新发展的"新常态"。以用户为中心、以社会实践为舞台的面向知识社会、以人为本的下一代创新模式，即创新 2.0 模式正在显现，并为大众创业、万众创新、开放创新带来新机遇。

（三）创新 2.0 与工业 4.0

自 18 世纪工业革命以来，工业的发展经历三个阶段。始于 18 世纪英国的工业 1.0，通过水力和蒸汽机实现的工厂机械化改变了工业生产方式，也带来英国的霸权时代。19世纪末20世纪初，电力的发明驱动工业的大规模以及批量化发展，也即工业2.0，推动了欧美国家的快速发展。工业3.0阶段，始于20世纪70年代并一直延续到现在，电子与信息技术的广泛应用，使得制造过程不断实现自动化。随着物联网、云计算、大数据等新一代信息技术的蓬勃发展及创新2.0时代创新范式的转变，工业的创新迎来了新的机遇。在此背景下，作为未来生产的代表性概念之一，由德国政府在《德国2020高技术战略》中所提出的十大未来项目之一"Industry4.0"（工业4.0）战略则被广泛理解为第四次工业革命，它意在升级工业体系，形成"智能制造"的未来。

德国政府提出"工业4.0"战略，并在2013年4月的汉诺威工业博览会上正式推出，其目的是提高德国工业的竞争力，在新一轮工业革命中占领先机。工业4.0是指利用物联信息系统(Cyber Physical System, CPS)，提升制造业的智能化水平，将生产中的供应、制造、销售等信息数据化、智慧化，最后达到快速、有效、个人化的产品供应。工业4.0要求构建资源、信息、物品和人相互关联的物联信息系统，把无处不在的传感器、嵌入式终端系统、智能控制系统、通信设施通过CPS形成一个智能网络。使人与人、人与机器、机器与机器以及服务与服务之间能够互联，在实现横向、纵向和端对端的高度集成的基础上，将封闭的生产工厂转变为一个开放、智能的生产空间，实现智能工厂和智能生产。智能工厂、智能生产和智能物流构成工业 4.0 的三大主题，也是实现工业 4.0 的核心基础。

纵看工业发展经历的不同的创新阶段，工业 1.0—3.0 是工业社会创新 1.0 模式，工业 4.0 是知识社会创新 2.0 模式，是创新 2.0 理念推动工业化发展的必然体现。我们可以看到工业 1.0—3.0 阶段创新所带来的是生产方式的变化。创新 2.0 时代，工业 4.0 实现了服务范式的转变，工业 4.0 的创新不再仅限于工厂，创新触角延伸到用户端，覆盖工业的全部过程，将基于现代信息技术的虚拟信息化网络、智慧研究、智能技术全面地与现实世界运行进行有机连接、融合，成为一个有机整体，为生产模式、商业模式、工业管理、工业效能的提升以及实现更为人性化、定制化的产品带来了全新的机遇。同时，新的协作也逐渐跨越传统的行业界限，在更大层面上推动了工业产业的创新发展。

（四）创新 2.0 与《中国制造 2025》

经过改革开放近 40 年的发展，中国经济处于爬坡越坎、转型升级的新时期，引以为傲的制造业也面临新的问题和形势，亟须寻找新出路、新动能。一是环境与资源的制约加剧，劳动力与原材料等成本日益上涨，使得我国面临巨大的压力。由于劳动力成本上涨以及制造业领域的技术进步，随着发达国家纷纷出台重振制造业的强力政策，部分制造业企业开始从我国迁出，也有部分跨国企业为节约成本，将目光转向工资低廉的东南亚地区。同时，传统制造业能源消耗大、污染严重，也饱受大众的质疑。二是德国"工业 4.0"战略和美国"再工业化"

战略，激发了我国从"工业大国"升级到"工业强国"的坚定决心。三是受现代制造业与新一代信息技术深度融合的发展趋势，以及各国制造业科技创新的影响，我国也亟待找到一条新的发展之路。

立足创新 2.0 时代，中国必须充分利用新一代信息技术发展机遇，把握面向知识社会的下一代创新趋势，借鉴德国推进工业 4.0 的经验，推动从"全球制造大国"向"全球智造强国"的转变。中国作为一个新兴大国，在当前技术大变革的时代，既要实现传统产业的转型升级，又要实现高端领域的跨越式发展，要推动工业 2.0、工业 3.0 和工业 4.0 同时发展，任务更加复杂、艰巨。2015 年 3 月 5 日，李克强总理在全国两会上的《政府工作报告》首次提出"中国制造 2025"的宏大计划。2015 年 5 月 8 日，国务院正式印发《中国制造 2025》。《中国制造 2025》提出，坚持"创新驱动、质量为先、绿色发展、结构优化、人才为本"的基本方针，坚持"市场主导、政府引导、立足当前、着眼长远、整体推进、重点突破、自主发展、开放合作"的基本原则，通过"三步走"实现制造强国的战略目标：第一步，到 2025 年迈入制造强国行列；第二步，到 2035 年我国制造业整体达到世界制造强国阵营中等水平；第三步，到新中国成立 100 年时，我制造业大国地位更加巩固，综合实力进入世界制造强国前列。

诺基亚的 CEO 约玛·奥利拉（Jorma Ollila）曾说过一句貌似特别无辜的话：我们并没做错什么，但不知为什么我们失败了？这真是惊世之问。这样一家如此伟大、风光无限的公司说完就完了，到底是为什么呢？正如海尔集团首席执行官张瑞敏所言："没有成功的企业，只有时代的企业。"不管是国家、企业，还是个人，都要跟上时代的步伐才能生存，但是时代变迁太快，所以必须持续创新，不断挑战自我、战胜自我。在大创新的时代，机会只属于勇于革新的组织和个人。

第二节　创新思维：创造性思考

★案例：发散性思考　一个杯子的8种卖法

第1种卖法：卖产品本身的使用价值，只能卖3元一个。

如果你将它仅仅当作一只普通的杯子，放在普通的商店，

用普通的销售方法，也许它最多只能卖 3 元钱，还可能遭遇邻家小店老板娘的降价招客暗招，这就是没有价值创新的悲惨结局。

第 2 种卖法：卖产品的文化价值，可以卖 5 元一个。

如果你将它设计成今年最流行款式的杯子，可以卖 5 元钱。隔壁小店老板娘降价招客的暗招估计也使不上了。因为你的杯子有文化，冲着这文化，消费者是愿意多掏钱的，这就是产品的文化价值创新。

第 3 种卖法：卖产品的品牌价值，就能卖 7 元一个。

如果你将它贴上著名品牌的标签，它就能卖六七元钱。隔壁店 3 元一个叫得再响也没用，因为你的杯子是有品牌的东西，几乎所有人都愿意为品牌付钱，这就是产品的品牌价值创新。

第 4 种卖法：卖产品的组合价值，卖 15 元一个没问题。

如果你将三个杯子全部做成卡通造型，组合成一个套装杯，用温馨、精美的家庭概念包装，起名叫"我爱我家"，一只叫父爱杯，一只叫母爱杯，一只叫童心杯，卖 50 元一组没问题。隔壁店老板娘就是 3 元一个喊破嗓子也没用，小孩子一定会拉着妈妈去买你的"我爱我家"全家福。这就是产品组合的价值创新。

第 5 种卖法：卖产品的延伸功能价值，卖 80 元一个绝对可以。

如果你猛然发现这只杯子竟然是用磁性材料做的，那我帮你挖掘出它的磁疗、保健功能，卖 80 元一个绝对可以。这个时候隔壁老板娘估计都不好意思叫 3 元一个了，因为谁也不信 3 元一个的杯子会有磁疗和保健功能，这就是产品的延伸价值创新。

第6种卖法：卖产品的细分市场价值，卖188元一对也行。

如果你将你的那个具有磁疗保健功能的杯子印上十二生肖图案，并且准备好时尚的情侣套装礼盒，取名"成双成对"或"天长地久"。这样的杯子针对过生日的情侣，卖个188元一对，绝对会让给对方买何种生日礼物而伤透脑筋的年轻人付完钱后还不忘回头说声"谢谢"，这就是产品的细分市场价值创新。

第7种卖法：卖产品的包装价值，卖288元一对可能更火。

如果把具有保健功能的情侣生肖套装做成三种包装：第一种是实惠装，188元一对；第二种是精美装，卖238元一对；第三种是豪华装，卖288元一对。可以肯定的是，最后卖得最火的肯定不是188元一对的实惠装，而是238元一对精美装，这就是产品的包装价值创新。

第8种卖法：卖产品的纪念价值，不卖2000元一个都不正常。

如果这个杯子被奥巴马等名人用来喝过水，后来又被杨利伟不小心带到了太空去刷牙，这样的杯子，不卖2000元一个绝对不正常，这就是产品的纪念价值创新。

消费往往购买产品时，除了产品本身的使用价值外，更多的是购买一种感觉、文化、期望、面子、圈子、尊严、尊重、理解、地位等象征性的意义。作为营销人员，应善于从不同视角挖掘产品的独特价值，从而创造更大的商业价值。

一、思维与思维能力

人的思维方式不同，对同一个问题的思考可能得出的结论也不同。小时候我们看一部电影，判断或评价一个人，常常从"好人还是坏人"的角度去评价。我们把这称为"不是黑就是白"的"二元论"的思维方式。此时思维的维度就有一个，评判的标准也只有一个，因此这种思维方式被称为"二分法"或者叫做一分为二。只从一个维度看待人，去思考事情，其结果或可能得到的答案就会很少。正如杯子的 8 种卖法，就是善于从不同视角挖掘产品的独特价值，从而创造更大的商业价值。

后来我们长大了，发现世界上也存在"有时好有时坏的人"，"好的时候多，坏的时候少的人"，或者"不好判断他是好还是坏的人"，这就不再是"一分为二"了，而是一分为多。这时候要求我们用复杂的思维方式来看待事物，也就是要用系统的观点来认识事物。

系统论的观点要求我们要用多维度、全方位的方式去思考问题。还以对人的评价为例，随着我们人生阅历的增多，我们会发现，评价人的维度除了从"善恶"的角度去思考外，还要从其他的角度去思考。比如从财富的角度，可以分为"穷人、富人、中产阶级"；从心态的角度，可以分为"积极的人、消极的人""乐观的人、悲观的人"；从性格的角度，可以分为"内向的人、外向的人""温和的人、暴躁的人"等。从不同的维度去思考问题得到的答案会更加丰富，而且，维度本身的增加有助于我们更好地认识事物的本质。

一个人外在表现能力的高低,是其思维能力在起主要作用。思维由智力、知识和能力三个基本要素组成。智力取决于基因和幼年期以及后天环境的影响和教育,即天赋与后天教育的统一。相对来说,后天教育对智力的高低起着更加关键的作用。知识是人们通过学习和社会实践而得到的对事物的认识和经验的总和。才能是人们能有效地达到某种目的的心理能量。思维是一种能力,是先天和后天结合,学习与实践结合的综合能力。在思维三要素中,智力是基础,有了智力,通过学习可以拥有一定量的知识与经验,将这些知识和经验运用于实践,就能培养起才能。

二、创新思维及其特性

★案例:发散性思考 波尔如何测量大楼高度

物理考试出了这样一个问题:如何利用气压计测量一栋大楼的高度?几乎每个用功学生的回答都是:用气压计测量地面与楼顶的大气压力,然后用这个大气压力差即可计算出大楼的高度。答案非常漂亮,也是参考书里的现成标准答案。而有一个学生的答案居然是:带着气压计到大楼顶,在气压计上系着一条绳子,用绳子将气压计垂至地面,测量该段绳子的长度即大楼的高度。老师给了他零分,但这个学生却辩说答案完全正确,应该给满分。最后师生们请一位大师来仲裁。大师提醒该学生说：这是物理考试，答案一定要用到某些物理知识，然后给他六分钟重做这道题目。过了五分钟，考卷上还是一片空白，大师问学生是否要放弃，这个学生却说："答案有很多个，我只是在想哪一个答案最好。"然后奋笔疾书，在最后一分钟总算交了卷。

他这次的答案是：带着气压计到大楼顶，弯身松手让气压计落下，同时用码表测量气压计掉到地面所花的时间，就可以用重力加速度公式计算出大楼的高度。答案完全正确，而且也用到物理公式，老师只好给他接近满分的高分。

仲裁结束后，大师好奇地问这个学生还有什么其他答案。结果，这个学生一口气又说出了五个答案：（1）晴天时，先测量气压计长度，还有它阴影的长度、大楼阴影的长度，然后利用比例就可算出大楼的高度。（2）带着气压计爬上楼梯，沿着墙壁以气压计的高度为单位做记号，一直标记到顶楼，看有几个标记，再乘以气压计高度，就是大楼高度。（3）把气压计悬吊在弹簧的末端，测量地面的重力值和大楼顶的重力值，从两个值的差异也可算出大楼高度。（4）在气压计上绑着长绳，垂到接近地面，像钟摆般摇晃，从摆差时间也可算出大楼高度。（5）去敲大楼管理员的门，对他说只要他告诉你大楼的高度，就把气压计送给他。

大师听了问："难道你不知道利用地面与楼顶大气压力差来计算大楼高度这种常规的方法吗？"学生回答说："当然知道！但我喜欢突破常规。"据说这位学生是 1922 年诺贝尔物理奖得主、原子模型的缔造者和量子论的创建者尼尔斯·玻尔（Niels Bohr）。尼尔斯·玻尔所想出的其他五六个方法，也许都不如那个正规的现成答案漂亮和便捷，但那些却都是他自己动脑筋想出来的。

创新思维是指以新颖独创的方法解决问题的思维过程，通过这种思维能突破常规思维的界限，以超常规甚至反常规的方法、视角去思考问题，提出与众不同的解决方案，从而产生新颖的、独到的、有社会意义的思维成果。创造性思维是一种具有开创意义的思维活动，即开拓人类认识新领域，开创人类认识新成果的思维活动。创新思维是人类思维的高级过程，它在人类社会生活的一切领域，都发挥着非常重要的作用。创新思维作为一种思维活动，既有一般思维的共同特点，又有不同于一般思维的独特之处。其具体表现在以下几个方面。

（一）求异性

创新思维在创新活动中，尤其在初期阶段，求异性特别明显。它要求关注客观事物的不同性与特殊性，关注现象与本质、形式与内容的不一致性。英国科学家何非认为："科学研究工作就是设法走到某事物的极端而观察它有无特别现象的工作。"创新也是如此，一般来说，人们对司空见惯的现象和已有的权威结论怀有盲从和迷信的心理，这种心理使人很难有所发现、有所创新。而求异思维则不拘泥于常规，不轻信权威，以怀疑和批判的态度对待一切事物和现象。

华罗庚在数学上崭露头角，就是从怀疑开始的。1930年，20岁的华罗庚从一本杂志上读到苏家驹教授的一篇论文，谈代数五次方程的解法。华罗庚认真细致地读了这篇论文之后，经过缜密的推理、独立的运算，得出与之相反的结论。面对已经是当时中国数学界权威的苏家驹教授，华罗庚没有盲目跟从，而是根据自己的研究，大胆地对苏教授的文章提出质疑，写出论文《苏家驹之代数的五次方程式不能成立的理由》，引起数学界的强烈反响。

（二）联想性

联想是将表面看来不相干的事物联系起来，从而达到创新的界域。联想性思维可以利用已有的经验创新，如人们常说的由此及彼、举一反三、触类旁通，也可以利用别人的发明或创造进行创新。联想是创新者在创新思考时经常使用的方法，也比较容易见到成效。任何事物之间都存在着一定的联系，这是人们能够采用联想这一方法的客观基础，因此联想的最主要方法，就是积极寻找事物之间的一一对应关系。

现代火车的刹车装置，是由美国发明家威斯汀·豪斯发明的。他为了创造这种能够同时作用于整列火车每一节车厢的制动装置，曾经苦苦思考很久，一直想不出什么办法。后来他在某一专业杂志上看到，在挖掘隧道的时候，驱动风钻的压缩空气是用橡胶软管从几百米以外的空气压缩机站送来的，从而联想到火车刹车装置可用类似的办法得到解决。结果他发明了气动刹车装置，直至今天仍然被广泛地应用着。

（三）发散性

逻辑思维往往沿着一条直线方向固定向前的思维，它的目的常常在于寻找一个正确答案，即它的答案具有单解性及正确性的特点。与此相反，创新思维具有发散性，它既可以是同一或相反方向的思维，也可以是平面内的二维思维，或是三度空间的立体思维。发散性思维是一种开放性思维，其过程是从某一点出发，任意发散，既无一定的方向，也无一定的范围。它主张打开大门，张开思维之网，冲破一切禁锢，尽力接收更多的信息。发散性思维表现为思维视野广阔，思维呈现出多维发散状，如"一题多解""一事多写""一物多用"等方式。不少心理学家认为，发散性思维是创新思维的最主要特点，是测定创造力的主要标志之一。

心理学家曾做过这样的试验：在黑板上画一个圆圈，问在座的学生这是什么？其中大学生回答很一致："这是一个圆。"而幼儿园的小朋友则给出了各种各样的答案："太阳""皮球""镜子"……可谓五花八门。或许大学生的答案更加符合所画的图形，但是比起幼儿园孩子来说他们的答案是不是显得有些单调呆板呢？大家是不是很想为这些小宝宝的多彩答案喝彩呢？

（四）综合性

综合是把对事物各个侧面、部分和属性的认识统一为一个整体，从而把握事物的本质和规律的思维方法。综合性思维不是把对事物各个部分、侧面和属性的认识随意地、主观地拼凑在一起，也不是机械地相加，而是按它们内在的、必然的、本质的联系，把整个事物在思维中进行再现的思维方法。其中，这种思维最突出的一种方法是组合思维，它是将多项貌似不相关的事物通过想象连接，使之变成彼此不可分割的新的整体的一种思考方式。美国"阿波罗登月计划"总指挥韦伯在"阿波罗"登月成功后曾说："'阿波罗计划'中没有一项新发明的技术，都是现成的技术，关键在于综合。"这里的综合，实质上就是组合。

许多科学家认为知识体系的不断重新组合是人类知识不断丰富发展的主要途径之一。从这一角度看，近现代科学的三次大创造是由三次大组合所带来的。第一次大组合是牛顿组合开普勒天体运行三定律和伽利略的物体垂直运动与水平运动规律，从而创造经典力学，引起了以蒸汽机为标志的技术革命。第二次大组合是麦克斯韦组合法拉第的电磁感应理论和拉格朗日、哈密顿的数学方法，创造更加完备的电磁理论，因此引发以发电机、电动机为标志的技术革命；第三次大组合是狄拉克组合爱因斯坦的相对论和薛定谔方程，创造相对量子力学，引起以原子能技术和电子计算机技术为标志的新技术革命。

（五）逆向性

逆向性思维就是有意识地从常规思维的反方向去思考问题的思维方法。如果把传统观念、常规经验、权威言论当作金科玉律，常常会阻碍创新思维活动的展开。因此，面对新的问题或长期解决不了的问题，不要习惯于沿着前辈或自己长久形成的、固有的思路去思考问题，而应从相反的方向寻找解决问题的办法，敢于"反其道而思之"。不论是社会变革、经济管理，还是科技发明，有许多成果都是逆向性思维的成果。

一位母亲有两个儿子，大儿子开染布作坊，小儿子做雨伞生意。每天，这位老母亲都愁眉苦脸，天下雨了怕大儿子染的布没法晒干；天晴了又怕小儿子做的伞没有人买。一位邻居开导她，叫她反过来想：雨天，小儿子的雨伞生意做得红火；晴天，大儿子染的布很快就能晒干。逆向性思维使这位老母亲眉开眼笑，活力再现。

（六）独创性

一般思维通常是复制性的，也就是说，以过去遇到的问题为基础，一遇到问题就会这样想：我在生活、学习及工作中学到的知识是怎样教我解决这个问题的？然后，选出以经验为基础的最有希望的方法，沿着这个明确界定的方向去解决问题。独创性思维就是用自己的头脑，以自己的方式，去做自己认定的事。它在思路的探索上、思维的方式方法上和思维的结论上，都能提出新的创见，做出新的发现，实现新的突破，具有开拓性、延展性、突变性。

现实中，创新并不像人们想象的那样神奇和高不可攀。创新不是科学家和艺术家的专利，人类历史上的许多重大发明与发现，是由普通人在普通的工作岗位上做出来的。心理学研究表明，除了少数智力低下者以外，绝大多数正常人都具有创新能力。因此，一定的创新能力加上积极的实践行动，人人都可以成为创客。

三、创新思维的障碍：思维定式

创新并不复杂，但为什么大部分人都做不到呢？心理学家对一些 20 岁到 45 岁的成人进行创新能力测验，结果只有 5% 的人合格，但随着测验年龄的下降，创造性越强。在 5 岁的儿童中，具有创造性的人竟然高达 90%。它表明人的创造性是生来就有的，只是随着年龄的增长，受到抑制而已。常规性思维是遵循现存常规的思路和方法进行思维，重复前人、常人过去已进行的思维过程。思维定势是指人们因为局限于既有的信息或认识的现象，具体讲就是人们在一定的环境中工作和生活，久而久之就会形成一种固定的思维模式，使人们习惯于从固定的角度来观察、思考事物，以固定的方式来接受事物。思维定势是人类心理活动的普遍现象，是创新思维最大的敌人。思维定势主要表现为书本定势、权威定势、从众定势、经验（习惯）定势等。

（一）书本定势

书本定势是指人对书本知识的完全认同与盲从。其实，书本知识是纯化的知识，是经过头脑的思维加工（选取、抽象、截取）之后所形成的一般性的东西，往往表示一种理想的状态而不是实际存在的状态。正如著名心理学家安马华尔所说："知识本身并没有什么不好，受教育的危险是，用老办法办事和按部就班的琐碎程序使人看不到超越常规的创造性方法。在学习一门知识的同时，应保持思想的灵活性，注重学习基本原理而不是死记一些规则，这样知识才会有用。"

在爱迪生研制灯泡时，他想知道灯泡的体积，便让大学数学专业毕业的助手阿普拉去测量。阿普拉接到任务后，又是测量灯泡的直径，又是测量灯泡的周长，然后列出公式进行计算。由于灯泡不是球形，计算起来十分复杂，算了密密麻麻几大张纸，仍然没有结果。过了个把小时，爱迪生催问结果，阿普拉还没算好。爱迪生一看，他算得太复杂了，便拿起灯泡，沉在水里，让灯泡充满了水。然后爱迪生把灯泡中的水倒入量筒中，看完量筒的读数，便轻而易举地知道灯泡的体积。

（二）权威定势

权威定势，是指在思维过程中盲目迷信权威（如教育权威、专业权威），以权威的是非为是非，缺乏独立思考能力。权威定势有积极意义，节省人们的时间和精力，有了欧几里得，我们无须重新研究几何学；有了气象台，我们不必天天去看云识天气。但是权威定势一旦强化与泛化，就会阻碍创新思维。在权威的鼻息下生活习惯的人们，习惯于听从权威行事而失去独立思考的能力；一旦失去权威，就会感到惶惶不可终日。在现实社会中必须有权威存在，但权威所说的话，并非句句都是真理。我们不能产生迷信，被权威牵着鼻子走，否则人类社会便难以向前迈进。

有一句俗谚"黄鼠狼给鸡拜年——不安好心"。这句谚语可能很多人都知道。它告诉人们，黄鼠狼是吃鸡的，是鸡的死对头。上海华东师范大学生物系的一位老师也是自小就知道这句谚语，但是后来他产生怀疑，决定通过实验查查这条谚语的真实性。他做了两个实验。一是他花 20 年的时间解剖了 1000 多只黄鼠狼的胃。他从黄鼠狼的胃里的残余物中发现黄鼠狼的主要食物是老鼠，另外还有各种各样的害虫，但是从来没有发现过鸡肉、鸡骨等残余物。二是他多次把黄鼠狼和鸡关在一个笼子里，笼子里的黄鼠狼不仅不会向鸡发动进攻，而且它们还相处得十分融洽，各吃各的，互不相扰。

（三）从众定势

从众定势是指人云亦云，没有或不敢坚持自己的主见，时刻以众人的是非为是非，时刻与群体保持一致。仔细观察一下，社会上人们的大部分行为选择都有一定程度的从众定势，很少经过自己独立的深思熟虑。追求时尚、明星等，都是人们缺乏特立独行的性格而盲目从众的结果。通常情况下，人们认为多数人的意见往往是对的。从众、服从多数，一般是不会错的。但缺乏分析，不作独立思考，不顾是非曲直地一概服从多数，随大流走，则是不可取的，是消极的"盲目从众心理"。

我们知道乌鸦喝水的故事，乌鸦为了喝到瓶子里的水，用嘴把衔到的小石子放到瓶子里以提升水位喝水。几年后，老乌鸦的后代，三只小乌鸦之间进行了一场新乌鸦喝水竞赛。第一只小乌鸦得到了老乌鸦的嫡传，到处去找小石子来提升水位，费时费力好不容易喝到了水。第二只小乌鸦善于观察，看了看瓶子，发现摆放的角度倾斜，于是在倾斜的基底处用嘴啄了啄，把瓶子推了推，使瓶子与地面形成一个倾斜角，这样，水便流出来，也喝到了水，要比第一只快一些。第三只小乌鸦灵感一闪，衔了个麦秆，直接放到瓶子里，吸着喝水，结果最快。

（四）经验（习惯）定势

初生的牛犊之所以不怕虎，是因为不知老虎为何物，在它脑中没有"老虎会吃人"的经验定势。因此见了老虎，它敢于本能地用牛角去顶，而这时，带着"牛见到我会逃跑"思维定势的老虎，反倒不知所措，于是落荒而逃。

一根小小的柱子，一条细细的链子，拴得住一头千斤重的大象，你相信吗？可这令人难以置信的场景，在印度和泰国随处可见。原来，那些驯象人，在大象还是小象的时候，就用一条铁链将它绑在水泥柱或钢柱上，无论小象怎么挣扎都无法挣脱。于是，小象渐渐地习惯了不再挣扎，直到成年也是如此。小象是被链子绑住，而大象则是被习惯性的思维定势困住。

此外，非理性定势、自我中心定势等也是创新思维的障碍。其中，非理性定势是指思维过程中人偏离理性的引导而处于感情、欲望、情绪、潜意识等因素的支配下，无法清醒而准确地把握事物和问题。自我中心定势是指人想问题、做事情完全从自己的利益与好恶出发，主观武断，不顾他人的存在和感觉。思维一旦进入死角，其智力就在常人之下。我们要具备创新思维，就必须打破思维定势，始终对生活充满热忱，学会专注，保持好奇心，不断放飞想象。同时，创新思维有很多的方法，如发散思维方法、收敛思维方法、组合思维方法、逆向思维方法、头脑风暴法、检核表法、思维导图等。限于篇幅就不在此进行介绍，有兴趣的朋友可以查阅相关书籍，进行思维方法学习和训练，从而提升自己的创新思维能力。

第三节　设计思维：人人都是设计师

★案例：Q 鼓　利用设计思维解决社会问题

非洲南部干旱少雨，在农村，由于水源遥远、打水次数频繁、水桶沉重且难以携带等原因，打水成为一项困难的工作。尤其是那些妇女和孩子，每天都要挣扎着走到水源地取水，

而且因为搬运的方式有限，每次只能搬运 15 升左右的水，每个家庭每天至少得打水一次，许多妇女的颈椎、脊椎因为长期用头来搬运这些重物而落下病根。

设计师 P.J. 和 J.P.S. Hendrikse 看到这样的情况，他们为此

图 2-1　Q 鼓

设计了 Q 鼓（Q Drum）（图 2-1）。这是一个环形的低密度聚乙烯（LLDPE）塑料容器，容量 50 升，不易损坏，也没有可拆卸的手柄或其他金属附件，以最大程度上减少损坏率。其独特之处在于在鼓的纵向中心有一个孔，并安装了可以牵拉的绳索，适用于任何地形，方便运输。绳子的选用也充分考虑到了用户的使用方便，成本很低，甚至可以用任何类似的材料进行替换，以确保产品的廉价易得。这个设计简单、坚固、耐用，有效地解决了用户运水的问题，减轻体力的负担，并减少花在取水上的时间，从而提高人们的生活质量。目前这个设计已经广泛应用于肯尼亚、纳米比亚、埃塞俄比亚、卢旺达、坦桑尼亚、科特迪瓦、尼日利亚、加纳、南非、安哥拉等地，成为当地人民的重要生活用具。

（来源：吴颖《设计思维与创新创业》）

设计思维(Design Thinking)是一种工作和学习的方法论，指通过思维活动挖掘现实中不存在的项目或产品或模式，关注其创造性的应用和衍生。20 世纪三四十年代，美国的奥斯本（Osborn）和戈登（Gordon），他们为了提高工作效率，率先提出头脑风暴集思广益(Brainstorming Synectics)的方法，在当时产生一定的影响。设计思维作为一种创新性解决问题的方法论被提出，则是由美国商业创新咨询公司 IDEO 完成的。IDEO 成立于 1991 年，其最初致力于传统商业领域的设计工作，如 Oral-B 牙刷以及 Steelcase 椅等设计产品。这些都是

屡次登上生活时尚杂志或在现代艺术馆展出的产品。2001 年，
IDEO 发现他们的客户开始越来越多地需要他们帮助解决不同
于传统设计的问题。曾有一个医疗服务基金会请他们帮忙重组
这个机构，也有一个百年制造公司希望通过 IDEO 更好地理解
客户，还有大学希望能创造出与传统的教室截然不同的学习环
境。这些产品和需求逐渐将 IDEO 从设计用于消费的产品转向
设计消费的体验。

一、何谓"设计思维"？

设计思维是一种以人为本的，结合人们的需求、技术的可
能性和商业需求的设计师的方法论，是众创时代创客创新的
重要思维模式。设计思维同时是一种设计理念，它所关注的
重点不再是"使用"本身，而是通过理解用户内在心智模型、
用户所处的环境以及观察用户在心智模型和所处环境双重作用
下的使用行为，去设计一种真正能够融入他们的生活，被他
们所依赖的产品。正如 IDEO 设计公司总裁蒂姆·布朗（Tim
Brown）所言："设计思维是以人为本的利用设计师的敏感性
以及设计方法在满足技术可实现性和商业可行性的前提下来满
足人的需求的设计精神与方法。"蒂姆·布朗的这句话谈到了
设计师思考问题的三个出发点：用户需求（Desirability）、
科技可行性（Feasibility）与商业可行性（Viability）。这与
荷兰代尔夫特大学设计教育的"三大核心"理念不谋而合，即

图 2-2　设计教育的"三大核心"理念

"人""商业""科技"。（图 2-2）

设计思维中的"设计"，既非造型亦非审美，而是一种解决问题的思考方式，即"像设计师一样思考"。设计的源头是"对潜在需求的洞察"，设计的产出是"有形的或无形的解决方案"。设计师的思考过程，简单来说就是从"？"到"￥"，也就是从"问题"到"价值（商业价值和社会价值）产出"的过程。时代发展到今天，人性得到极大释放，我们开始比以往任何时候都更加关注"人"，"人"才是产生和解决问题的起始点（需求）和终结点（获益）。奇虎 360 公司的创始人周鸿祎曾经说过："商业的本质就是释放人性。"设计思维的关注点就在于如何更好地释放人性，它以人的渴望和需求为根本，与传统的商业思维有很大的不同（见表 2-1）。

表2-1 传统商业思维与设计思维的不同

	传统商业思维	设计思维
根本假设	理性、客观，事实是不变的、可量化的	主观、依靠经验，事实是社会人为建构的
方法	通过分析找到"最好"的答案	通过实验不断迭代，寻求"更好"的答案
过程	不断做计划	不断动手做
决策	依靠逻辑推理、数字模型	依靠情感洞察、经验模型
价值观	追求控制、稳定，对不确定性感到不安	追求创新，不满足现状
聚焦点	要么抽象，要么具象	在抽象和具象之间来回穿梭

如果说传统商业思维是数据驱动的、结构性的思维，那么设计思维则是基于用户本质需求的实践性、本能性的思维。不可否认，传统商业思维在工业经济时代发挥巨大的作用，也被证明是有效的，但如果继续用这种思维来引导当今的商业运作和社会发展，显然已不合时宜。

作为未来主流的思维方式，设计思维显然更适用于快速且充满不确定性的商业环境。这有其必然的原因，设计思维谈论的都是关于"做"的问题，而传统商业思维往往花费很多时间在"说"的阶段；设计思维是将问题视为机会，不断寻找创新的可能性，而传统商业思维是把问题当做困难去解决；设计思维讲述的是真实的故事，解决的是真实人的问题，而传统商业思维解决的是头脑中飘浮的问题，或许只是假想；设计思维是真正从人的需求出发来设计产品和服务，而传统商业思维是基于人口统计学特征（比如年龄）来划分市场；设计思维是面对未来的不确定性，探寻解决方案，而传统商业思维习惯基于过去的历史数据判断未来。

二、人人都是设计师

设计无处不在。（Design is everywhere）

在一个"人人都是……"这一句式流行的年代，当你不小心"被角色"很多次，开始感到迷茫，不知道自己到底要选择"做什么"的时候，做一名"设计师"（或称"设计思考者"）或许是个不错的选择。IDEO（一家创办于1991年的美国设计公司）的CEO蒂姆·布朗在一次TED（美国的一家非营利机构）的演讲中说："只有当把'设计'从设计师的手中抽离，放到每一个人手上的时候，设计的价值才会最大化。"

当前是一个高概念性时代，这就意味着对一个概念如何理解可能比掌握一门技术或掌握多少信息更重要。任何有问题、有需求的地方，都有设计思维的用武之地。从洞察需求到定义问题，再将想法制作成原型，不断接近最符合用户需求的解决方案。这个过程只要你参与进来，你就已经是在做"设计师"的工作了。

我们的生活和工作，问题无处不在，人们还有很多潜在的需求尚未被满足，也因此"无处不设计"。所以说创新不是少数人的专利，也不是大师才有的专长，每个人身上都有创造力的潜能，只是被暂时遮蔽而已。不要被思维定势所绑架，认为设计师就是一个职业，或者认为艺术家就一定是从事与艺术相关工作的人。对一些概念的认知，往往就决定你能成为什么样的人。其实每个人每天都在做着各种或复杂或简单的设计活动。设计输出的不只是产品、服务、商业模式，还有信息、环境和影响。比如，当设计思考者洞察目标对象的深层需求后，会对一些看似不重要的细节进行"设计"，如最理想的自助餐厅桌子的尺寸和形状以及最理想的午餐队列长度等，以实现效率和成本的最佳平衡。美观、有趣是很多商品成功的基础，越来越多的公司开始重视产品的外观、界面、操作体验等。而在设计一个产品时，"怎么用"往往是最后一步，更重要的是为你的产品考虑好"谁会用""为何用""何时何地用"，当然，还有什么情况下"不能用"，即设计的边界。

设计思维对非设计专业出身的人来说，也算是一种跨界思维。斯坦福大学设计学院的设计思维课程是没有专业限制、面向全员的选修课，鼓励来自不同专业背景的学生在一起合作参与项目。在IDEO内部，非常欢迎具有跨领域思维的"T"型人才。IDEO的项目团队通常由来自不同职业背景的人构成，例如营销学家、人类学家、工程师、有医学背景的人等。尽管这些专业和职业背景与设计无关，甚至相隔十万八千里，但他们都在运用设计思维解决问题，从这个意义上来说，他们都是设计师。如今，市场环境的变化越来越迅速，商业企业似乎在所有事情上都面临着新的挑战。当传统思维和解决问题的方法出现瓶颈的时候，人人都可以尝试像"设计师"一样思考，以系统地洞察和解决问题，引领一场创新变革。无论是企业决策者、工程师、职业经理人，还是科学家、公共政策决策者、教育工作者，都可以运用设计思维，做各个工作岗位的"设计师"，即使不懂任何软件设计的操作，商学院出身的你也可以是一名优秀的"设计师"。

三、设计思维方法论

所有的方法论都是基于实践经验的总结，同样是设计思维实践，可能不同的人总结出来的方法论中的理论用词和阶段分类方法也不同。在设计思维的方法论中，比较通用的是斯坦福大学设计学院所教授的五步骤方法论。

（一）移情（Empathize）

移情是以人为中心的设计思维，是设计实践的最核心环节，它是定义和解决问题的基础。简单地说，这个步骤是要团队成员带着同理心去观察利益相关者，换位思考，真正了解为"谁"而设计，服务对象是怎样的一个群体，他们在物理和情感上的需要是什么，什么对他们来说最重要。"同理心"是一种设身处地体会他人感受的思考方式，和"同情心"有本质上的不同。比如有个人掉进山洞了，有"同情心"的人会说"你好可怜"，但有"同理心"的人会说"洞里这么冷，你一定不好受"。设计思考者可以通过观察分析来理解他人，可以通过访谈来了解背后的动机，可以通过角色扮演沉浸其中而获得认知，也可以跳出事物本身获得某种洞见等。

移情并不是一个可以快速实现的进程。正因为它如此重要，所以哪怕在此阶段多花一些时间也是值得的。了解一个人最好的方法，就是成为那个人。"花更多的时间穿上别人的鞋子走一走"，除了观察和访谈，还可以尝试角色扮演，亲身体验和尝试，细细去体会这种感觉，用感同身受代替主观臆测。这个过程有可能会花上几天时间，不但要做笔记，还要经常借助录音、照片和影像记录，帮助还原当时的真实情景和弥补注意力的盲区。比如我们要为行动不便的残疾人设计更为便捷有效的公共交通指引，与其花时间做调查，不如找一把轮椅自己坐上去，尝试穿过两个街区并换乘公车和地铁。我们经常帮助社会上有需要的人，却极少思考："我给别人的帮助，真的是别人需要的吗？"正如灾区的人们更需要食物和被褥，我们却一厢情愿地给人家寄去旧衣服（有些甚至都没有消毒干净），到头来也只是感动自己。

（二）定义问题（Define）

爱因斯坦曾说："如果只给我一个小时拯救地球，我会花 59 分钟找准核心问题，然后用 1 分钟解决它。"设计思维的第二步，就是要"定义正确的问题"。这个步骤的一个重要产出就是一个有意义且可行的对问题定义的表述（Problem Statement）。一个完整的问题表述由三部分组成：利益相关者（Stakeholder）+ 需求（Need）+ 洞察（Insight）。用一句话表述就是——（人物角色描述）需要一种方式去——（这里注意用动词），因为——（你的洞察）。它的意思是要明确问题到底出在哪里，并用一句很精简的话告诉别人，"你想如何解决什么问题"。有一个常用句式是：我们该（如何），为（谁），做点（什么），以解决（什么问题）。例如，我们该（如何），为（会员），缩小他们在文化和技术上的差距，以（促进大家的交流）。

美国"天赋教育"（相当于我们的尖子班）有一道经典的领导力训练题："假设在 2099 年，你和你的宇宙飞船机组成员正执行一次百年宇宙飞行的使命。着陆时，却遇到问题：你们降落在错误的着陆点上。在测量设备全毁的情况下，你将如何率领团队走出绝境？"套用上文句式，问题就从"我如何率领团队走出绝境"，聚焦成了"我如何收集尽可能多的资料，尽快确定地理位置，联系救援"。问题定义得好，相当于给下一步的解决预留了很多创新的空间。所以如何表述，如何用词包括为什么要求使用动词都很有讲究，这就是语言带动思维的魅力。

（三）创想（Ideate）

在思考解决方案时，这个阶段只有一个重要任务，就是"生产尽可能多的想法"，先不用考虑哪一个想法才是最佳的。如果想要找到好的解决方案，前提一定是先拥有大量的可供选择的方案，所以这个环节特别需要关注的一点是"寻找可能性"。既然是寻找可能性，那么一切会损害可能性的做法都要被喊停。在整个创想的过程中，有一个非常重要的原则就是"延缓评判"，不但不能对他人的观点做评论，对自己头脑中萌生的想法也不要轻易怀疑和打压，让想法尽可能自由地产生和生长。同时，还要想办法刺激更多的想法产生。该阶段常用的方法工具有：头脑风暴法、检核表法、九宫格法、KJ 法（亲和图法）、六顶帽子等。

头脑风暴是最常用也是我们都很熟悉的一种产生创意的方法。在开始头脑风暴前要注意选择比较开放而有创意的空间，要选取具有不同专业或职业背景的人，要开展必要的头脑运动游戏以形成创造力自信。每一个问题的头脑风暴时长以 15 至 20 分钟为宜，总时长控制在 45 分钟左右。此外，在头脑风暴的过程中还应遵循一些原则：

——一次只能一个人发言

——不要打断他人发言

——追求数量

——鼓励疯狂的、不切实际的想法

——尽量将想法以视觉（手绘）的方式呈现

——延迟做判断

——标题式概括

——不要跑题

——享受其中的乐趣

以上只是创想这个环节中最常用的一种团队头脑风暴形式，事实上仅是头脑风暴方式就不下 5 种。除了头脑风暴以外，还可以用其他一些方法帮助产生想法，例如身体风暴、思维导图、手绘等。在一些模糊的节点通过动手制作简易模型的方式也可以带出新的想法。当创想这一过程结束之后，可以先将收集到的想法按相似度归类，接着再进行下一轮的"收敛"过程——从众多通过集体智慧得到的解决方案中选择两到三个解决方案，这两三个方案将成为下一步"原型制作"的基础。这个筛选过程是喜悦而痛苦的——为众多好点子而喜悦，为选择而痛苦。

（四）快速原型（Prototype）

任何类型的解决方案都可以制作出原型，无论是产品、服务还是复杂的体验，甚至是商业模式。越是抽象的理论模型越是需要借助适当的媒介将其转化成具象而可感知的东西。提到制作原型，很多人刚开始都不知从何下手，事实上原型并不是实物物理模型的概念，而是一种代指，所有由想法演化而成的可被感知和用来测试的东西，都可以叫做原型。原型的形式有多种，可以是贴满便利贴的一面墙、一个简单的装置、几幅手绘草图、一个情景故事/故事板、一段视频或者一个3D打印件等。制作原型的关键要点是"快速"，不要花太多时间去思考和寻找材料，身边的任何一种材料都可以被拿来制作原型，像纸箱、布条、废旧耳机线、塑料瓶这些成本低廉、随处可得的物品都可以。任何事物都可以被拿来制作原型，哪怕只有几张A4纸，也完全可以立即派上用场。制作的过程也要快速，不要投入过多情感去修饰细节，一是没有必要，二是可能影响你收听反馈的心态。

　　原型制作好之后，是不是摆在被测试者（用户）面前，就可以得到想要搜集的反馈信息了呢？如果想要得到信息量更大的反馈，这里有一项准备工作要做，即想象一下即将到来的测试场景，写出测试剧本（Test Scenario）。比如一个机票预订的应用，在拿到用户面前做测试之前，先要思考一下需要测试哪些内容，比如检查一下整体界面的布局、色彩，尝试是否能快速注册，再看看订单的格式是否清晰，再有就是"帮助"一栏的信息是否完整等。然后想象一下测试的场景，用怎样的测试方法才能让用户给出最自然、最真实的反馈。

（五）测试（Test）

　　带着解决方案的原型终于到了流程的"最后一步"——测试。测试环节提供一个很好的机会，让设计师可以更深入地去了解用户，并且为修正解决方案提供依据。测试是为设计者提供用户反馈的一个过程，它虽是该模式的最后一步，但并不意味着整个设计过程的终结，它可以为设计者指引一个更接近正确的方向。该过程由目标受众完成，通过回到最初的用户群体，测试想法并获得反馈。在测试之后，有可能需要重新制作原型，然后反复测试、不断迭代；还有可能发现当初的需求点没找对，需要重新定义问题，于是从定义问题开始又进入一个再循环的过程。

　　针对不同形式的原型，测试的方法也有所不同。如果是实物原型，可以让用户拿在手上或者放到实际生活场景中尝试使用；如果是体验设计的原型，则可以在一个合适的空间做场景模拟，也可以让用户以角色扮演或完成指定任务的方式来进行体验。在测试时，同样有一些规则需要遵循：让真实的用户来参与测试；一次只能测试一个方面；更多地问开放性问题，鼓励用户提出自己的建议；让用户在不同原型之间做比较，而非只对单一的原型进行评论；营造体验的环境让用户去感受，看他们是怎么用的，哪里使用得不恰当，而不需要进行过多解释；除了用户说的，还要观察其身体语言；最后，记住用户永远都是对的。

　　总结起来，设计思维通用的五步骤方法论是：移情（洞察）—定义问题—创想—快速原型—测试。看上去其方法论的五个步骤是线性的，其实不然，在实践中它们会经常出现循环往复，这么做正是要不断修正解决方案，真正实现"以人为中心"的设计。经过几轮测试后，解决方案已经到了一个成熟的阶段，也就意味着可以"上战场"了。一个好的设计一定是在人的需求（desirability）、商业延续性（viability）和技术可行性（feasibility）三者交合的地方。今天的设计思维已发展成一个可以学习的创新设计模式，它倚靠的不是设计师个人的创意，而是要透过不同专业的人，以不同的角度，共同产生创意，然后设计出一个创新的产品或服务。设计思维的方法已成为创客创新的重要思维方法，在这种方法论的指引下，人人都可以成为设计师，使生活变得更美好。

【推荐阅读】

1. ［美］蒂姆·布朗 .IDEO，设计改变一切［M］.北京：北京联合出版传媒（集团）股份有限公司，2011.

2. 张凌燕 .设计思维——右脑时代必备创新思考力［M］.北京：人民邮电出版社，2016.

3. 胡飞雪 .创新思维训练方法［M］.北京：机械工业出版社，2017.

4. 白少君，白冬瑞，耿紫珍 .中国企业创新驱动典型案例分析［J］.科技进步与对策，2015（22）：88-92.

5. 任理轩 .坚持创新发展："五大发展理念"解读［N］.人民日报，2015-12-18（07）.

6. 宋刚，白文琳，安小米，彭国超 .创新 2.0 视野下的协同创新研究：从创客到众创的案例分析及经验借鉴［J］.电子政务，2016（10）：68-77.

7. 吴颖 .设计思维与创新创业［J］.创意设计源，2016（05）.

8. 卢梦得，张凌浩 .设计思维：社会问题的设计改变之道为改变社会而设计［J］.设计，2013（09）：185-187

9. 宋刚，张楠 .创新 2.0 知识社会环境下的创新民主化［J］.中国软科学，2009（10）：60-66.

10. 刘春晓 .创新 2.0 时代：众创空间的现状、类型和模式［J］.互联网经济，2015（08）：38-43.

11. 朱慧 .工业 4.0：创新 2.0 时代的工业创新［J］.办公自动化，2014（15）：7-11.

第三章
创客创业：梦想成真

　　"创客"在最开始的时候是指不以营利为目标，把创意转变为现实的人，有时候也被定义为一群酷爱科技、热衷实践的人群，他们以分享技术、交流思想为乐。因此，在很长一段时间里，创客群体还只是一群以爱好为核心，乐于分享，具有创新精神的新小众群体，在他们的意识中也没有觉得会与经济、产业、创业发生太多的天然联系。随着"创客"一词在2015年的《政府工作报告》中出现，这个酷炫的称呼顿时成为传遍大江南北的时尚热词，"创客"也从一个小众群体进入大众视线，从创客们的"创客"变成了全国的"创客"。"大众创业、万众创新"的时代背景为他们带来"黄金时代"，一个个原本青涩的梦想，通过他们的双手，插上创业的翅膀，正在化茧成蝶，展翅腾飞。

第一节　创客式生存

★案例：创客张浩　既是生存手段，也是生活方式

80 后创客张浩被圈子里认为是中国创客的代表。早在 2011 年，他动手做了一个真实版的"瀑布永动机"，并发布在果壳网，当时在科学爱好者中引起轰动，一举成为知名的创客。后来这个作品还得了当年全球 DIY 大赛 Maker Bot Challenge 一等奖。

张浩被称为"最纯粹"的创客，他是国内最早一批接触和传播创客文化的人，也是将"Maker"翻译成"创客"的第一人；他以兴趣为导向做东西，不以赚钱为目的，从来不对自己设限，也不对技术设限。

"你创造了一个东西，你就是创客，你创造了一个新的东西，你就是在创新，你创造的东西如果具有了商业价值，你就可以选择去创业。"张浩认为"创客"在中国经历了一些变化。最初是一种爱好，一个梦想，现在"创客"更多地跟创业和创新结合在一起。"现在我得一边做机器人，一边不饿死。"

如今，张浩仍然每天在一堆机械中忙碌着，为了实现做一个属于自己的"机器猫"的梦想："在你的房间里端茶倒水，洗衣做饭，就像科幻电影里描述的家庭服务式机器人。"

（节选自《是生存手段，也是一种生活方式 创客时代》，《华夏时报》2015年3月25日）

伴随着互联网的迅猛发展，创客团体如雨后春笋般崛起，已经成为推动行业发展不可忽视的力量。"创客"写入《政府工作报告》，正是他们影响力的具体体现。"创客"从小众走向大众，成为引燃大众创业、万众创新的星星之火。这种活力和创造，将会成为未来驱动中国经济增长的新引擎。在互联网时代，越来越多的创客们通过自己的创新作品和智慧，形成独特的产品价值，并构建有效的商业模式，在满足自己需要的同时，也满足社会大众的需求，从而实现创业与创富，成为这一轮创客潮流的财富新贵。但同时，我们也会看到，能够像上文中大疆创新的汪滔一样脱颖而出的创客毕竟是少数。大多数人的创客行为还是走不出自娱自乐的小圈子，这虽然与创客们追求创新，以兴趣为导向，不以赚钱为目的的初衷一致，但难以形成可持续的创新激励。

中国致公党曾在 2014 年年底做过一个创客群体发展状况的调研。他们发现，大多数创客群体面临的生存压力及自身的持续发展能力不容乐观。（1）从收入来源讲，创客空间收入只能维持创客组织基本运转，可持续发展存在极大的不确定性。当前创客空间的收入主要来源于会员费、政府支持和企业的赞助，开设教育培训课程收入，产品代售收入，举办活动和工作坊收入，一些孵化项目的分红。这些收入来源普遍存在量小且随机性大的特点，尚不足以支撑创客空间的良性发展。（2）从自身发展能力讲，好的创意相对较少，转化为商品的价值不高，难以形成经济价值。由于投融资渠道不畅、商业模式选择、市场理念、生产和人才管理欠缺等因素的影响，许多好创意只能停留在样品上，难以转化为符合市场需求的商品。（3）从成本角度讲，大部分创客还面临着房租、人力支出、生活成本、生产及税收等种种压力，在没有得到有效资金、政策支持的情况下，许多好的创意样品要进行小批量试生产的难度较大，持续发展能力相对较弱。

因此，在大众创业、万众创新的大时代，在坚守自身梦想的前提下，如何将自身的创新创造与创业相结合，如何让创客具有工匠精神，专注打造一款有价值的产品；如何让创客找到正确的商业模式，从而持续经营；如何找到解决用户问题的痛点，然后颠覆性地创新……是互联网时代创客应该积极思考的问题。创客们应当强化自身的"造血"功能，在强化核心技术开发能力的基础上，提升以创业带动创新的自主突破能力，通过积极参加比赛、路演、众筹等多种方式获得社会资金的支持，加强产品商业转化意识，主动对接市场和资源，拓展盈利空间，使创客之路走得更远。创客从一种个体行为变为一种社会现象，已成为工业 4.0 时代和国家产业转型的一种新常态。创客群体不能从创业者中单独剥离出来，创业者是创客的一种生存方式，他们有着比创客更强烈的求生欲望。党的十九大报告指出，要"激发和保护企业家精神，鼓励更多社会主体投身创新创业"，创客无疑是中国创新创业的重要主体。

第二节　创客众筹：让梦想变为现实

★案例：《罗辑思维 》　既是圈钱，更是圈人

2013 年最瞩目的自媒体事件似乎在证明众筹模式在内容生产和社群运营方面的潜力。《罗辑思维》发布两次"史上最无理"的付费会员制：普通会员，会费 200 元；铁杆会员，会费 1200 元。买会员不保证任何权益，却筹集到近千万元会费。爱就供养，不爱就观望，大家愿意众筹养活一个自己喜欢的自媒体节目。而《罗辑思维》的选题，由专业的内容运营团队和热心罗粉共同确定，用的是"知识众筹"。主讲人罗振宇说过，自己读书再多，积累毕竟有限，需要找来自不同领域的牛人一起玩。众筹参与者名曰"知识助理"，为《罗辑思维》每周五的视频节目策划选题，由老罗来主讲。一个人民大学叫李源的同学因

为对历史研究得极透，老罗在视频中多次提及，也小火了一把。自 2013 年开通以来，《罗辑思维》微信公众号"结硬寨，打呆仗"，坚持每天 60 秒语音，至 2017 年 1 月粉丝超过 1000 万。罗振宇以前是央视制片人，正是因为想摆脱传统媒体的死板和约束而离开电视台，做起自己的自媒体，靠粉丝为他众筹来养活自己，并且过得非常不错。这是自媒体人给传统媒体人的一次警示。《罗辑思维》通过圈粉、圈钱、圈智，实现更加快速的发展。

"众筹"翻译自国外 crowdfunding 一词，即大众筹资或群众筹资，香港译作"群众集资"，台湾译作"群众募资"。虽然大众筹资的行为早在千百年前就出现了，但是它真实进入人们的视野和生活在近几年才发生。众筹为初创企业、开发者和创客们打开了获取融资的大门，几乎遍及我们生活的各个角落。互联网的广泛普及和直接迅速传播的特性促使众筹进入一个新的领域，互联网众筹帮助身处世界各地、工作在不同领域的许多人实现他们的简单的愿望，让创客的梦想更容易变为现实。2015年，国务院印发《关于加快构建大众创业万众创新支撑平台的指导意见》，指出：当前全球分享经济快速增长，基于互联网等方式的创业创新蓬勃兴起，众创、众包、众扶、众筹（统称"四众"）等大众创业、万众创新支撑平台快速发展，新模式、新业态不断涌现，线上线下加快融合，对生产方式、生活方式、治理方式产生广泛而深刻的影响，动力强劲，潜力巨大。

一、何谓"众筹"？

大约在1713年，英国诗人亚历山大·蒲柏准备将1.5万多行的古希腊诗歌翻译成英语。项目启动之前，蒲柏承诺向每一位支持者提供一本四卷开本的译作。这一创造性的举动让他获得575名支持者，并募集到4000多吉尼，相当于今天的50多万英镑。5年后，译作完成，这些支持者的名字被列在了译作之上。这是在文艺领域内一个非常成功的众筹项目，是一个产品众筹。支持者没有过多地想这部译作是不是能最终完成，他们只是想以实际行动去支持蒲柏。

（一）概念及特征

一般认为众筹是指人们在互联网上的一种合作行为，是向不确定的公众通过互联网上的众筹平台来募集项目资金的一种融资方式。现在众筹被用来支持各种活动，包含灾害重建、民间集资、竞选活动、创业募资、艺术创作、自由软件、设计发明、科学研究以及公共专案等。从实质来看，众筹就是筹人、筹智、筹资源。众筹一般由发起人、跟投人、平台构成，具有低门槛、多样性、依靠大众、注重创意的特征。

1. 低门槛：无论身份、地位、职业、年龄、性别，只要有想法、有创造能力都可以发起项目。

2. 多样性：众筹的方向具有多样性，在国内的众筹网站上的项目类别包括设计、科技、音乐、影视、食品、漫画、出版、游戏、摄影等。

3. 依靠大众：支持者通常是普通的草根民众，而非公司、企业或风险投资人，他们或许是出于兴趣、爱好，或许是出于帮助他人，或许是为融入社区（圈子），或许仅为了支持一项事业，或许为获得奖励（如产品），或许为获得经济收益（如分红、利息等）而参与。

4. 注重创意：发起人必须先将自己的创意（设计图、成品、策划等）完善到可展示的程度，才能通过平台的审核，而不单单是一个概念或者一个点子，要有可操作性。

中国有句俗话，众人拾柴火焰高。众筹模式的出现，无疑为我国数量众多的创客群体和创业团队打开一条有效且有力度的融资渠道。

（二）概念区分

众筹、众包、团购、预售等多个概念常被人们混淆，这些概念既有区别又有一定的相关性。

1. 众筹 VS 众包

众筹在本质上属于众包（Crowdsourcing）的范畴。企业选择将企业价值链上的某些环节依托互联网外包给众多消费者完成的行为被称为"众包"。一般的众包是让消费者参与企业的产品或服务的技术创新及经营和营销过程；而众筹扩展了众包的外延，消费者的介入可能是从企业投融资环节开始，再到产品的设计研发，最后到产品测试和营销的全过程。众筹相当于企业通过互联网平台，实现了企业全部或部分融资、生产及营销环节对大众的外包。

2. 众筹 VS 团购

众筹与团购有很大的相似性，特别是众筹中的产品众筹与团购更为相似。但两者的重要区别在于，团购是针对既有的、成熟的、一般是批量化的产品，筹集消费者共同购买，属于促销行为；而产品众筹一般是未上市的产品，它可能是一个首发的全新产品，也可能是半成品，甚至只是一个 idea（想法，创意）。正因为如此，众筹参与者才能参与到产品设计、研发等过程，由于众筹者参与，众筹组织者往往以低于产品上市后的市场价格回馈给众筹参与者，这又使得众筹带有预售特征。

3. 众筹 VS 预售

众筹与预售也是有区别的。众筹中的股权众筹等类型与预售完全不相干，股权众筹主要是为了筹集资金，并不以参与为主要目的。产品众筹强调参与，即支持者参与产品的创意、研发和销售。而预售仅仅是一种常规营销手段而已。相比美国众筹，中国众筹与预售及团购的相似度更高。这是因为，中国很多产品众筹的切入期平均晚于美国。例如，在美国的众筹图书项目中，很多图书是在创作伊始就开始众筹，支持者可参与全书的情节设计、创作、讨论及最后的推广。而中国的图书众筹项目，一般都是在图书已完成或即将完成，支持者并未参与前期的创作等环节的情况下开始，这使权益众筹的魅力打了很大的折扣。

4. 众筹 VS 慈善募捐

众筹与慈善募捐也有一定相似性，尤其是众筹中的公益众筹与传统公益募捐有很大的相似性。但传统公益募捐在中国一般是由公募基金会发起的，有专门的管理机构和募捐办法。而公益众筹发起人可以是各类基金会，也可以是企业甚至个人，并且一般给支持者以回报（尽管这种回报通常是荣誉性质的），且须说明资金用途，众筹如不成功则要将资金及时返还给支持者。

众筹最早源于西方，进入我国也不过短短数年，但是目前已经发展成为一种炙手可热的互联网金融模式。众筹网刮起的劲风，使得众多巨头蜂拥而至。2014 年，阿里巴巴发布淘宝众筹；腾讯系发布京东众筹；百度内测百度众筹，并率先推出消费板块；平安发布平安前海众筹。2015 年年初，苏宁、国美则陆续推出自己的众筹平台。1 元买辆车，10 元拍电影，100 元就可以当"老板"做股东……也许有人质疑，这是痴人在说梦话吗？不，在互联网众筹模式下，只有你想不到，没有实现不了的梦想。难怪有人说，"除岁月外，一切皆可众筹"。

二、众筹模式

众筹模式按支持者获得回报的形式，可分为非财务回报类众筹（Non financial Return for Backers）与财务回报类众筹（Financial Return for Backers）两大类。目前主要有五大主流模式，同时还有几种最近出现的较小众的模式。众筹平台通常是围绕五种模式中的一种或几种进行。

（一）产品众筹（Reward-based crowdfunding）

产品众筹又称回报众筹、权益众筹、奖励众筹、实物众筹和预售众筹，是指投资人将资金投给筹款人用以开发某种产品（或服务），待该产品（或服务）开始对外销售或已经具备对外销售条件，筹款人按照约定将开发的产品（或服务）以无偿或低于成本的方式提供给投资人的一种众筹方式。如京东众筹、淘宝众筹等，即典型的权益型众筹平台。

产品众筹回报方式，一般分成若干等级，不同等级对应相应的产品及服务。随着众筹的发展，产品众筹的回报模式也越来越有创意。如众筹网上众筹的《森林里的孩子》一书的回报模式很有创意："凡需要定做读诗版的读者，请关注'森林的孩子'公众微信号，选择两首自己最喜欢的诗歌，将朗诵版的音频发送至'森林的孩子'后台，由出版方负责将其制作成二维码，读者拿到的书通过扫描二维码，就可以听到自己读的诗歌。出版方会在书的封面上写上你的名字。"此外，208元一档回报中就要求，分享该众筹项目信息到朋友圈的就会有机会参加"我的团队与大孩子、小孩子的读者见面会"。通过这样温情的互动活动，完成了图书的再次传播与推广。

产品众筹的融资效果与回报模式的设计有很大的关系，人性化的、有创意的、互动程度高的、有投资人感兴趣的增值服务的，往往能吸引更多的投资人。用户需要的是有温度、有感情、有感染力的产品，而不是一个冷冰冰的物品。因此，为产品讲一个激动人心的故事更能有效地筹集资金。

（二）互联网非公开股权众筹（Equity-based crowdfunding）

互联网非公开股权众筹（以下简称"非公开股权众筹"），是指公司面向普通投资者出让一定比例的股份，投资者通过出资入股公司，获得未来收益。在互联网金融领域，股权众筹通过网络进行较早期的私募股权投资，是对VC（Venture Capital，风险投资）的一个补充。众投邦、爱就投均属此类平台。由于融资金额数目较大，融资面向对象广，又牵涉金融市场，非公开股权众筹无疑是政府更为关注的部分。

股权众筹，一方面可以解决部分小型项目找不到创业资金的难题，另一方面，可为投资者获得高额回报，或者其他利益。股权众筹在我国有凭证式、会籍式、天使式三种形式。凭证式众筹，一般由熟人介绍加入众筹项目，投资者不成为股东；会籍式众筹，投资者成为被投资企业的股东；天使式众筹，财务回报要求明确。

创客圈普遍熟悉的3W咖啡，最早采用的就是会籍式众筹模式，它面向社会公众进行资金募集，每个人10股，每股6000元，相当于一个人6万元。那时正是玩微博最火热的时候，很快3W咖啡会集了一大帮知名投资人、创业者、企业高级管理人员，其中包括沈南鹏、徐小平、曾李青等数百位知名人士，股东阵容堪称华丽，3W咖啡引发中国众筹式创业咖啡在2012年的迅速流行。几乎每个城市都出现了众筹式的3W咖啡。3W很快以创业咖啡为契机，将品牌衍生到了创业孵化器等领域。3W的游戏规则很简单，不是所有人都可以成为3W的股东，股东必须符合一定的条件。3W强调的是互联网创业和投资圈的顶级圈子。3W给股东的价值回报在于圈子和人脉价值。试想如果投资人在3W中找到一个好项目，那么多少个6万元就可以赚回来。同样，创业者花6万元就可以认识大批同样优秀的创业者和投资人，既有人脉价值，也有学习价值。

（三）公益众筹（Donation-based crowdfunding）

公益众筹，是指通过互联网方式发布公益筹款项目并募集资金。它不同于权益型众筹，通常是由个人或非营利组织发起的公益融资项目，支持者一般均无任何物质回报。如腾讯乐捐、轻松筹等皆为专业公益众筹平台，此外还有一些综合性的网站（如众筹网）也专设公益众筹频道。

公益众筹扩宽社会公益事业资金筹集的渠道，在具有爱心的人和需要求助者之间搭建起一个更加便捷快速的沟通渠道。相比传统的线下公益捐赠，它具有覆盖面广、传播速度快、成本低、透明度高等优势，可以让更多的人投身到公益事业，能在更短的时间汇集更多的慈善资源。公益众筹比其他几种类型的众筹出现得更早，被认为是众筹之根，早期最著名的自由女神像众筹就是典型的公益众筹。

综观国内外公益众筹项目，有所差异。从公益项目的方向上看，国外公益众筹项目一般是修缮教堂，修建学校，建设少儿社区娱乐场所，配置俱乐部的运动设施以及教育投资。特别是在教育方面，公益众筹正在起着比以往更大的作用，其中包括支持课程开设、提供学生学费以及大学经费。而中国公益项目大多是支持西部等落后地区的扶贫、救困、救医、助老、助学、关爱留守儿童项目等。

（四）收益权众筹（Royalty-based crowdfunding）

收益权众筹的英文名称是 Royalty-based crowdfunding，其中 royalty 在金融或者经济学领域是指一种特权使用权益协议，在众筹领域可以称为收益权众筹，或者特权使用权益众筹，它是指对企业基于投资活动而不持有企业的股权，但享有股份收益，通过企业经营而获得经济利益可能性的收益行为。通俗地说，就是一旦未来项目产生销售收入，项目发起人需要向支持者提供一定比例的销售收入作为回报。例如，移动手机App网站，支持者可选择任意一种正在研发或者还未投入市场的App，一旦这款App投入市场，支持者就可以分享一定比例的销售收入。

（五）债权众筹（Lending-based/Debt-based crowdfunding）

债权众筹是指投资者对项目或公司进行投资，获得其一定比例的债权，未来获取利息收益并收回本金。包含P2P（peer-to-peer）、P2B（peer-to-business），还包括购买P2P公司发行的证券，如Lending Club模式。一般认为P2P也包括P2B，由于债权众筹主要是P2P模式，因此有人认为债权众筹就是目前在国内普遍流行的P2P网络借贷。自2011年"人人贷"在北京上线后，中国P2P网络借贷迅速发展起来。由于P2P发展速度及规模远远超过众筹，因此，现在国内一般意义的众筹都是排除P2P以外的其他众筹模式。

三、众筹商业模式

众筹模式不仅是一种投融资活动，还作为一种创新模式，激发"草根"创新。互联网的技术特征和商业民主化进程决定了"草根"创新时代的到来，每个人都可以发挥自身的创新与研发能力，并借助社会资源把自己的创意变为现实的产品。众筹因其社交、金融、消费、公益、创新的诸多属性，为每个"草根"创新者（即项目发起人）提供了获取资金、市场和人脉等重要资源的平台。不同的投资人因为有着不同的专业背景以及不同的价值观，他们可以直接对项目提出自己的观点和意见，项目发起人会对此认真评估并进一步完善方案。众筹完全符合企业价值创造的核心逻辑，即价值发现（筹资人和出资人的投融资需求）、价值匹配（与商业伙伴的合作）、价值获取（与投资人分成获利），因此它既是融资模式，也是一种商业模式，为创客创新、创业提供了广阔的资源入口。

（一）创客作品重生的舞台

有了众筹平台，创客们可以向投资者和消费者展现自己的才华和产品，优秀产品不会被轻易抛弃。创客们可以将自己的创新设计放到众筹平台上接受消费者的检验，若其作品真的得到大家的好评，具有市场潜力，则可以通过众筹平台轻易汇集资金，找到厂家规模化生产。生产者和消费者都可以来源于众筹平台。众筹项目在为投资者和生产者带来收益的同时，也可以帮助创客更好地实现自我价值。

适应此种商业模式的包括灯具、服装、玩具、家居、工艺品等多种类型的创客和设计师。一旦众筹平台连接这些具有实力的创客或设计师，生产厂家、商家和投资者将会迅速帮助他们进行工业化生产，帮助产品占领市场，获取高额收益。创客和设计师们在实现自我价值的同时也帮助缺少设计人才的生产厂家，商业想象空间和市场巨大。一旦有一两件影响大的成功案例，将会迅速引爆众筹平台，推动人人做创客、人人做设计的时代进程。

（二）高科技产品推广的平台

人类社会即将进入场景时代，借助于移动设备、传感器、大数据、社交媒体等，人类的生活轨迹和社会行为都将数据化。可穿戴设备、各种类型传感器的出现必将带来一次产品革命，由于其市场巨大，很多厂家都投入资金进行开发。可穿戴设备需要大量用户进行测试，进行产品功能和外形的改进。借助于垂直的众筹平台，可穿戴设备可以快速吸引用户参与测试，提供反馈报告，并且通过众筹平台吸引更多的客户注意，为自己的产品进行免费宣传。

具有创意的产品同样可以为众筹平台带来客户，增加客户的黏稠度，提高众筹平台的商业价值。众筹平台也可以吸引专业风险投资机构加入，为这些高科技产品提供资金支持。可穿戴设备的投资较大，不太适合债权众筹和股权众筹。但产品众筹可以帮助这些高科技产品找到目标客户，同时利用平台的反馈来升级产品，众筹平台网站具有客户来源广泛，客户文化程度较高，客户较为专业的特点。

（三）艺术家的大众经纪人

艺术家成长的道路艰辛苦涩，面临着内部和外部的压力，如果没有用户的支持，很多艺术家就会半途而废。有的人可能会屈服于某种压力，放弃自己的个性，丧失艺术家的独立性，成为模子化的庸才。独立的艺术家可以通过众筹平台募集资金来办展览或生产，借助于众筹平台，艺术家不但可以展示自己的才华，得到用户的认可，还可以听取广大用户的建议，对自己的艺术作品进行再次创作，寻找新的灵感，升华自己的作品。众筹平台带给艺术家的不仅仅是资金的支持，更多的是用户的支持和鼓励。用户可以通过众筹平台来帮助艺术家成长，成为艺术家的大众经纪人，同时获得资本收益。

目前国外的一些众筹平台已经通过画展筹资、艺术讲座、工艺品生产等方式帮助艺术家进行创业，其成功的商业模式吸引大量的用户，并获得较好的效果。众筹平台不仅仅打通了艺术家和客户之间的信息通道，同时也有助于人人参与艺术创作，吸引大量的艺术家和用户，增加客户的黏稠度，形成用户规模，提升众筹平台的用户价值。

（四）社会企业和慈善事业的新平台

过去几年，中国的慈善行业从社会捐款、政府统筹的形式正在走向社会企业和个人独立发起慈善活动的形式，出现各式各样的慈善平台和方式，例如李连杰的壹基金、浙江金华的施乐会、腾讯公益等。众筹平台依据其自身特点，很适合发起慈善活动，实现"我为人人，人人为我"。公益慈善事业可以帮助更多需要帮助的人，有利于推动社会的和谐平等。

借助于众筹平台，可以发起多种形式的慈善活动，包括钱款捐助、衣物捐赠、义务支教、技能培训、产品销售、公益培训等。众筹平台的透明性较强，专款专用，有利于提高慈善活动的透明度，同时也有利于大众进行监督，平台可以收集慈善获益方的反馈，推动慈善事业的扩大发展。众筹平台也可以作为社会企业产品和服务的展现平台，帮助社会企业进行产品推广，增加人们对于社会企业的关注，支持社会企业的发展。同时，众筹平台也可以提供资源整合，为社会企业发展提供良好的环境。

（五）社交活动另一个平台

名人讲座、主题演讲、产品发布会、读书会都可以形成社交圈，这些线下的实体活动可以通过众筹平台来组织，通过众筹平台建立一个成熟的社交圈子，聚集各式人才。众筹平台的一端可以是产品设计师、财经作者、网络小说家、自媒体人、影视剧本创作人、艺术家、社会企业等。众筹平台的另外一端是消费者、用户、个体投资者、专业人士、投资机构等。众筹平台利用其平台优势，使人人参与产品设计，人人都是设计师，人人都是用户，人人都是消费者。众筹平台利用其平台优势，将创客、创业者和资金、用户连接起来，有利于创业者自身事业的发展和产品的完善，同时也有利于社会资源的整合，为投资者提供投资平台，为愿意帮助别人的人提供舞台。

众筹平台通过以上的商业模式，将产生巨大的商业价值，同时对社会资源合理配置起到积极的作用。众筹这种商业模式的主要积极意义在于：为个人创业者提供另一个人生舞台，为其提供资金和用户；为具有市场的产品提供重生舞台，避免资源浪费；帮助投资者实现个人梦想，同时也帮助他人，实现资本增值；打造专业的社会圈子，利用认知盈余，开启人人时代；为社会企业和慈善事业提供舞台，实现人人互助，推动社会公益发展。

当然，众筹作为一个新生事物，在我国经历 2015 年的高速成长后，到 2016 年随着政府相关政策颁布，互联网金融监管收紧，众筹行业经历洗牌期，不少众筹平台倒闭、转型，行业野蛮生长暂告一段落。一份市场研究报告数据显示，截至 2016 年年底，全国众筹平台数量共计 511 家，其中正常运营的众筹平台数量共计 415 家，平台下线或众筹业务下架的平台数量共计 89 家，转型平台共计 7 家。在全国正常运营的 415 家众筹平台中，回报众筹、互联网非公开股权融资平台（行业实务中称之为股权众筹平台）数量排名居前，分别为 206 家、118 家，分别占比 50%、28%。从平台融资项目来看，截至 2016 年年底，中国互联网非公开股权融资平台新增项目数量共计 3268 个，同比减少 4264 个，降幅达 56.6%；2016 年新增项目成功融资额共计 52.98 亿元，同比增加 1.08 亿元，涨幅仅为 2.1%。随着政府相关政策颁布，互联网金融行业告别初期的野蛮生长，在整体大环境趋严的背景下，众筹平台发展将更加理性，也将在实践探索中不断进步完善。

第三节　精益创业：创客创业方法论

★案例：创客创业　只为走得更远

创客叶琛开发了一款机器人，并成功将其卖到国际市场。这款产品所面向的是极小众市场——当养花人需要出差或者旅

游一段时间，家中无人照顾花草时，这台设备能够适时浇水。功能虽简单，但由硬件到软件的整个开发过程却颇费力气。叶琛及其工程师团队从细分需求、完成设计到后期实现，前后耗费3个月之久，比如要监测各种数据就要做大量的研究和试验，比如土壤湿度、环境温度、如何浇水、水量如何控制……在此过程中，叶琛虽然养死了几盆花，但最终系统却可做到通过手机远程监测花草的健康状况。现在，全球各地遭遇相似问题的花草爱好者均可通过叶琛创办的DFRobot网站来购买智能浇花套件——60美元一套的价格并不贵。

以上堪称典型且理想的创客创业案例——生活中遇到问题，创客动手解决，再把硬件解决方案卖给更多人。上述养花套件销售情况超过其预期，小批量生产的200套试水产品早已卖掉。"我连样品都拿不出来给你看,基本是做出多少就卖多少。"叶琛在接受《环球企业家》杂志的采访时说。目前,DFRobot已发展成为全球领先的致力于为创客提供产品和服务的综合性平台,拥有齐全的开源硬件产品、机器人及零配件产品和知识型创客社区,为专业和入门级创客提供全方位的软硬件支持。

创客的生意与常规商业世界截然不同,它强调个人动手动脑将创意变为产品,而非大公司规模化生产;它强调分享,而非专利、技术独享。当创客被视作"第三次工业革命"的推动者之时,类似叶琛这样的英国诺丁汉大学工程学博士在中国亦不少见。

(节选自《中国创客们的生存现状》,原载《环球企业家》2013年4月9日)

尽管我们强调要让创客保持初心,多关注产品本身,而不是眼睛紧盯着钱。但不管是创客生存的现实需要,还是众创时代的发展驱动,都需要创客积极将创新创造与创业结合起来,在实现自身价值的同时,带来更大的社会价值和经济效益,从而使创客走得更远。精益创业(Lean Startup)作为当前流行的创新创业方法论,应当为创客们所熟知、利用。当然,有关精益创业的原理、方法等详细内容,推荐读者们认真阅读美国IMUV(一款3D人物和场景聊天软件)联合创始人及CTO、哈佛商学院驻校企业家埃里克·莱斯(Eric Ries)所著的《精益创业：新创企业的成长性思维》一书。同时，精益创业来源于互联网行业，是软件开发的一种新模式。由于精益创业需要经常进行客户验证，因此对于一些客户验证成本较高，或者技术实现难度较大的项目并不适合，它往往更适合客户需求变化快而开发难度不高的领域，如软件、服务业等。

一、精益创业

（一）何谓"精益创业"？

我们正处在一个空前的全球创业兴盛时代，也是技术日新月异，机会稍纵即逝的众创时代，但无数创业公司都黯然收场，以失败告终。精益创业的核心思想是，先在市场中投入一个极简的原型产品，然后通过不断的学习和有价值的用户反馈，对产品进行快速迭代优化，以期适应市场。精益创业代表一种不断形成创新的新方法，它源于"精益生产"的理念，提倡企业进行"验证性学习"，先向市场推出极简的原型产品，然后在不断试验和学习中，以最小的成本和有效的方式验证产品是否符合用户需求，灵活调整方向。如果产品不符合市场需求，最好能"快速地失败，廉价地失败"，而不要"昂贵地失败"；如果产品被用户认可也应该不断学习，挖掘用户需求，迭代优化产品。这一模式不仅对创客创业有效，对于大企业内部的新创业务也同样适用。

创业是在充满不确定性的情况下进行产品或服务创新。新创企业还不知道他们的产品应该是什么样的，他们的顾客在哪里。计划和预测只能基于长期、稳定的运营历史和相对静止的环境，而这些条件新创企业都不具备。有时候我们自己觉得产品会非常受欢迎，所以花费巨大精力，在各种细小的问题上进行打磨，结果产品推到市场后，消费者很残酷地表示他们不需要这个东西。如果生意本身不被市场需要，那么失败来得越快越好，这意味着我们耗费更少的资金和精力在错误的事情上。因此，正如我国改革开放之初，没有前人的经验可循，采取"摸着石头过河"的方法，边干边摸索总结，即与精益创业的方法类似。

精益创业确保创业企业适应充满不确定性的发展环境，提供一套全新的创业思维和工具，帮助创业者以减少浪费的方式来鉴别和应对各种商业模式的挑战。因此，精益创业是在传统创业的基础上做减法，不再是透过庞杂的巨型解决方案，以近乎"完美"的姿态示人，而是在产品设计的最初阶段明确关键的核心需求，然后给出最小化可行产品（Minimum Viable Product，MVP）。

（二）精益创业 VS 传统创业

精益创业与传统创业有着很大的不同。为此，有人将传统创业比喻为火箭发射。在火箭发射之前需要做大量的、周密的准备和计划，要把各种可能遇到的风险全部考虑到，要把火箭发射工作中的各种细节无一遗漏地考虑到，这实际上就是一项非常庞大而耗资耗时的创业计划。创业之初，创业者精心制作调查问卷，花费大量时间和精力做市场调研，再根据自己的调研结果投入大量的时间和精力，甚至耗费大量的金钱开发产品，还需要再制作一份精美，甚至有两三百页厚的创业计划书到处去路演或参加比赛。最后，可能就创办一间公司开始正式创业。但是，当产品投放市场后才发现，自己的产品根本没有人需要，市场上连一个骂你的人都没有，没有任何反馈。这对创业者来说就是天大的灾难。而精益创业讲求小步快跑、快速迭代，可以加速创业启动，并有效降低风险。（表3-1）

表3-1　传统创业与精益创业

传统创业	精益创业
环境观：可度量、可预测、确定性	环境观：不可度量、不可预测、不确定性
以自我为中心开展创业：天才人物+天才构想	用户痛点和解决方案本质上是未知的
完美的计划和大规模投资	最小化可行产品
有限参数+已知数据	行动大于计划
可以对未来进行准确的预测和分析	科学试错、快速迭代
从1到N	从0到1

传统创业认为环境是可以度量、可以预测、确定性的，创业者以自我为中心开展创业，其特点是：创业者可以对未来进行准确的预测和分析，认为影响创业的参数或创业的影响因素是有限的，可以预知的。因此，依靠天才人物的天才构想，制定完美的计划，获得大规模投资，就可以取得创业成功。传统创业活动是线性的，可以从 A 点直接到达 B 点，很少在中间出现弯路。

精益创业认为环境是不可度量、不可预测、不确定性的，影响创业活动的因素非常多且不确定，无法事先预知。用创业理论的术语讲，就是用户痛点和解决方案在本质上都是未知的，仅仅是创业者提出的科学假设，这个假设需要验证。如何验证这个假设呢？那就是快速行动，行动优先，有想法就要测试，创业者一定要走出办公室，不要去拟定详细的计划书，而要用行动去验证你的想法。行动与测试，需要依靠测试的载体。这个载体就是最小化可行产品。

二、精益创业工具

埃里克·里斯将精益创业提炼为一个反馈循环：想法—开发—测量—认知—新的想法。根据这种模式，创业的第一步与创客精神相似，就是将想法变为产品，而且这时开发的产品是精简的原型，投入最少的金钱和精力开发出体现核心价值的产品，不要在许多细枝末节上耗费过多精力。当极简功能的产品得到用户认可后，创业者需要把控局势，在不断的反馈和循环中测试产品，快速做出调整和改变，迭代优化产品，挖掘用户需求，达到爆发式增长。新创企业必须在消耗完启动资金之前，以最小的成本在最短时间里找到有价值的认知。所有这些基本上都是在用户需求的推动下发展的。精益创业提到的三个主要工具是："最小可用品""客户反馈""快速迭代"。

（一）最小可用品

最小可用品是指将创业者或者新产品的创意用最简洁的方式开发出来，可以是产品界面，也可以是能够交互操作的胚胎原型。它的好处是能够直观地被客户感知到，有助于激发客户提出意见。很多创业项目都没有意识到一个问题，就是你认为的用户需求和用户实际的需求其实交叉点很小。用户的痛点和解决方案在本质上是未知的，只有通过最小化可行产品这个载体，不断地探索，不断地验证，才有可能无限逼近用户真实的痛点和解决方案。就像2000年的百度想不到竞价排名的模式，迅雷最早也不是做下载的一样。创业的过程就是基于最小可用品而不断尝试，不断逼近最佳解决方案。通常最小可用品有四个特点：体现项目创意、能够测试和演示、功能极简、开发成本最低甚至是零成本。

（二）客户反馈

客户反馈是指通过直接或间接的方式，从最终用户那里获取针对该产品的意见。通过客户反馈渠道了解关键信息，包括客户对产品的整体感觉、客户并不喜欢 / 并不需要的功能点、客户认为需要添加的新功能点、客户认为应该改变某些功能点的实现方式等。获得客户反馈的方式主要是现场使用、实地观察。事实证明，客户十分愿意与企业就产品的功能进行互动。这既有助于产品宣传推广，也可以帮助创业公司了解其设计是否有效，在真正进行大规模开发工程之前，这是一个十分伟大的方法。对于精益创业者而言，一切活动都是围绕客户而进行，产品开发中的所有决策权都交给用户。因此，如果没有足够多的客户反馈，就不能称为精益创业。小米软件开发的核心是采用开放式创新（Open Innovation）的众包（Crowdsourcing）模式。小米手机软件的基础是开源系统安卓（Android），用互联网的各种平台与客户密切沟通，并充分利用"发烧友"进行测试以找到产品缺陷和客户的新需求，从而动态进行产品的市场定位，并且用快速迭代的方式每周推出新版软件，紧跟市场的变化，同时也获得"发烧友"的正面口碑。

（三）快速迭代

快速迭代是针对客户反馈意见以最快的速度进行调整，融合到新的版本中。对于互联网时代而言，速度比质量更重要，客户需求快速变化。因此，不追求一次性满足客户的需求，而是通过一次又一次的迭代不断让产品的功能丰满。以腾讯的微信为例，其产生与成长是非常典型的精益创业历程。2011年年初，腾讯公司发布针对 iPhone 用户的微信 1.0 测试版。这个版本的功能非常简单，只有免费发信息、分享照片等一些简单功能。随着这些功能逐渐被市场接受，微信在随后的测试版中，逐渐增加对手机通讯录的读取、与腾讯微博私信的互通以及多人会话等功能。微信在第一年就发布了 15 个版本，此后在用户需求的推动下版本不断迭代升级，先后出现了语音对讲功能、"摇一摇"功能、朋友圈分享功能、微信支付功能等等。发展至今，微信通过为合作伙伴提供"连接一切"的能力，正在形成一个全新的"智慧型"互联网化的生活方式，微信的应用基本上已经渗透到交通、购物、医疗、酒店、金融等诸多领域。

众所周知，影视产品具有高风险、高投资的特点，为此与精益创业相契合的"周播剧"成为影视作品生产的重要形式。周播剧是指播出周期按周计算，每周播出 1 至 2 集，一边拍摄一边播出的电视剧类型。目前全世界收视率最高、创新度最高、营销价值最广、产业链最丰富的是周播剧，周播剧是电视剧发展的大势所趋。不同于日播剧全套开发、一次性制作完成并加以售卖的做法，国外周播剧运用精简原型，采用小步试错的方式予以推进。

样片试制和有限定制便是最小化可行产品的典型代表。强调市场测试而不是细致的筹划，强调顾客反馈而不是自我的直觉，强调反复的设计和改进而不是前期大而全的产品研发。制作与播出环节在周播剧的产业链条中位居上游与中游位置，具有举足轻重的战略性作用。国外周播剧的制播基本遵循以下流程：以最小化可行产品获得观众认可，再于观众不断的反馈中调整和迭代优化产品，并且最大化地实现产品的价值。以上流程与范式，与精益创业的原则不期而然高度契合。

不同的经营思维，也要求不同的管理架构和管理模式。创业企业的目标客户、产品规格和产品展示可能每天都在变化，创业家的指挥命令、组织合作都会与成熟企业不同，后者往往有着固定的产品或产品线延伸，有着固定的管理部门与结构。精益创业以发现客户的需求为第一要务，没有固定的工作路线图，也没有"市场总监""产品经理""销售策划"等这样的头衔，创业者必须从各种变化、混乱、失败中快速学习。创业公司的人员应该能身兼数职，机动变化，善于开放地学习和探索，具有高度的好奇心，充满创造力。

【推荐阅读】

1.［美］埃里克·莱斯.精益创业：新创企业的成长思维［M］.北京：中信出版社，2012.

2.盛佳，柯斌，杨倩.众筹：传统融资模式颠覆与创新［M］.北京：机械工业出版社，2015.6.

3.［美］斯蒂芬·德森纳.众筹［M］.北京：中国人民大学出版社，2015.5.

4.［美］杰夫·豪.众包［M］.北京：中信出版社，2009.

5.孙学立.我国众筹融资模式、风险及对策研究［J］.浙江金融，2015（06）：16-20.

6.程浩.迅雷的精益创业经［J］.商业观察，2016（11）：44-45.

7.袁毅，中国众筹的概念、类型及特征［J］.河北学刊，2016（02）：133-137.

8.施慧洪.众筹的典型模式及案例解析［J］.商业经济研究，2015（16）：70-71.

9.孟韬，张黎明，董大海.众筹的发展及其商业模式研究［J］.管理现代化，2014（02）：50-53.

10.夏恩君，李森，赵轩维.国外众筹研究综述与展望［J］.技术经济，2015（10）：10-16，125.

11.孙黎.精益创业运动的双重回荡［J］.IT经理世界，2014（18）：22.

第四章
创客教育：面向未来

　　创客运动作为一场全球性的技术和创新学习革命，对世界教育产生重要而深远的影响，并加速面向未来培养创新创业人才的教育革命。新的工具和技术的出现，如3D打印机、机器人、微处理器、可穿戴计算机、电子纺织品、智能材料和编程语言，赋予个体创造发明的力量，催生并推动着创客教育（Maker Education）的萌芽与发展。创客教育作为现代科技发展与教育相融合的产物，也创新了教育理念和目标，丰富了教育资源，拓宽了教育活动的界域，改革了教育教学方式，成为创新实践能力培养、素质教育改革的重要抓手。

第一节　新的教育革命

　　★案例：梅多（Meadow）小学的"棉花糖挑战"创客活动

　　2014年，美国加利福尼亚梅多小学的五年级学生创建了一个创客教育实验室，这是当地的第一个创客空间。从教学角度

来看，这个创客空间不同于以往传统的教室，它用不同的教学理念、不同的学习方法来展开教学工作。在这个新型创客实验室中，课堂学习答案并没有预设。也就是说，解决一个问题的方法有很多，一个问题的正确答案可能也不止一个。这就要求学生完全独立于老师进行学习，那老师要做什么呢？老师并不是正确答案的持有者，而是引导学生发现新问题，解答困惑和引起他们的好奇心，并鼓励学生动手验证他们的猜想，做学生们继续往下走的"指路者"。这种开放式的课程体验旨在引导学生做知识建构的主人，而不是被动接受知识的直接结果。

班主任梅莉莎（Melissa）老师组织了一次创客课程活动，名字叫做"棉花糖挑战"。同学们要用生面条、胶带、绳子和一块棉花糖在很短的时间内搭建一个塔。当学生们开始搭建塔时发现，一旦他们松开手，这个塔就会坍塌。这个时候老师的做法并不是立即指出这些架构的缺陷之处，而是允许他们继续搭建。随着分配时间的结束，梅莉莎老师让大家把手都举起来，紧接着大多数学生的塔都跌落在地上。而梅莉莎老师认为最重要的学习环节恰恰就是此刻。她把学生聚集起来，围成一圈，问他们为什么塔会倒塌。同学们一一解说各自的设计方案，并自己分析有可能导致塔塌下来的原因。他们将塔的结构与他们熟悉的建筑进行比较，如学校的教室或自己的家，然后相互讨论、探究使这些建筑稳定仁立的潜在因素。他们分析完第一个塔失败的原因后，对梅莉莎老师说的是："我们能再试一次吗？"经过老师的引导和自己的实际操作检验自己的猜想，大部分学生都成功搭建起"棉花糖塔"，大家对这个课程活动十分感兴趣。

　　梅多小学的创客实验室有着独特的理念，他们对"失败"有一个全新的定义。在常规的课堂环境中，老师会给学生提供失败的课程体验。比如，学生在某场考试中失败，老师通常不会认为这是积极的东西。而事实上，失败是学生学习的一个重要组成部分。一方面，学生可以通过失败的体验进行反思；另一方面，学生可以在交流失败经验时收集别人失败的经验，从而推导出新的设计理念。也许这个想法会失败，也许会成功，但重要的是，无论结果如何，学生都能从中学习到新知识。

一、何谓"创客教育"？

作为新生事物，人们对创客教育的理解各不相同。从教育目标的角度，主要有如下几种代表性观点：(1)"素养或精神说"。狭义上的创客教育是一种以培养学习者特别是青少年学习者的创客素养（利用技术和非技术手段形成创造性制品的能力）为导向的教育模式；广义上的创客教育是一种以培育大众创客精神为导向的教育形态。还有学者指出，创客教育实则是一个系统的教育理念，其教育目标是培养具有创客精神和素养的全人。(2)"青少年创客说"。创客教育是在创客空间中开展的以培养青少年创客为目标的一种教育形式，创客空间就是创客创作活动的地方，而创客就是热衷于创意、设计、制造的个人或群体。(3)"创新人才说"。创客教育是一种融合信息技术，秉承"开放创新、探究体验"教育理念，以"创造中学"为主要学习方式和以培养各类创新型人才为目的的新型教育模式。创客教育旨在为学生提供适宜的用于创造的环境、资源与机会，尤其是借助技术工具与资源，让学生能够将学习过程融于创造过程，实现基于创造的学习；能够在创造过程中提升学科学习质量和学科学习中的自信、创造力与兴趣；能够全身心投入基于创造的学习过程中，培养自己的批判性思维、创新思维与解决问题的能力，实现全人发展。

可以说，创客教育集创新教育、体验教育、项目学习等思想为一体，契合学生富有好奇心和创造力的天性。它主要以课程为载体，在创客空间的平台下，融合科学、数学、物理、化学、艺术等学科知识，培养学生的想象力、创造力以及解决问题的能力。从微观上看，创客教育通过课程学习培养个体的创客基本素养，包括知识与理解、技能与态度、价值与倾向；从中观上看，创客教育通过创客项目培养群体的创新创业能力；从宏观上看，创客教育通过创客活动培植社会的创客精神与创客文化。追根溯源，创客教育理应是符合创客精神和教育规律的一种教育形式，于教育之中传播自由、开放、民主、合作的精神，培养创新、实践、探索、分享的理念，充分利用信息技术等教育资源培养具有创客特质的人。创客教育强调行动、分享与合作，并注重与新科技手段结合，逐渐发展为跨学科创新力培养的新途径。在创客教育中，学生被看做是知识的创作者而不是消费者，学校正从知识传授的中心转变成以实践应用和创造为中心的场所。

创客教育起源于美国，它既是经济社会发展的自然产物，又是奥巴马政府推动创新教育的结果。2009年，奥巴马在竞职演讲中说道："希望所有人去思考创新的方法，激发年轻人去创造、建构和发明——去做建设者，而不仅是事物的消费者。"不久，美国白宫响应奥巴马的号召，启动"创客教育计划"（Maker Education Initiative，MEI）。该计划旨在通过推动创客空间的建设以及发展各种创客项目，激发孩子的兴趣，增强孩子的自信心和创造力，让每个孩子都成为创客。2012年，美国政府推出新项目，即"将在未来4年内在1000所美国中小学校引入创客空间，配备开源硬件、3D 打印机和激光切割机等数字开发和制造工具"，将创客教育作为推动教育改革和培养创新人才的新途径。2014 年，全美有 153 所大学支持创客教育。2014 年 6 月，美国白宫举办"制汇节"，对美国未来的发展具有深远意义。2015 年，美国新媒体联盟发布的地平线报告（高等教育版）就指出，在未来 2 到 3 年里，创客教育将引起基础教育和高等教育的深度变革。此外，英国、荷兰等国家也纷纷搭起创客平台，开展机器人技术、编程、游戏设计等多样化的创客课程。

在中国，创客教育也悄然兴起并得到初步发展——北京、上海、深圳等城市成为创客教育的领跑者。通过建设创客空间、举办创客大赛和创客文化节、成立创客俱乐部、召开创客教育研讨会、组建创客教育联盟等活动，大大推动创客教育在国内的发展。目前，清华大学等众多高校建立起较为完备的创客空间，并定期开展创意分享、头脑风暴、产品设计和创新创业培训等活动。温州中学、温州实验中学、北京景山学校等越来越多的中小学也创设创客空间，并开设了包括"多媒体编程""电子制作"等在内的系列课程。与此同时，创客教育活动也日渐增多，如清华大学举办创客教育论坛、北京西城区实施全国首个创客教育计划"少年创客养成计划"等。

二、创客教育的本质特征

有人认为，创客教育是在创客空间（环境）中开展的培养青少年创客（目的）的一种教育类型，是以造物（手段）的形式培养学生综合实践能力（目标）的一种工程教育（本质）。此外，还可以从不同的角度去理解创客教育的本质特征：从教育目标的角度来看，创客教育是培养创新实践能力和创业意识；从教育内容的角度来看，创客教育是跨学科的学习；从教育主体的角度来看，创客教育是主体混合式教育；从学习方式的角度来看，创客教育是玩中学、做中学；从技术支持的角度来看，创客教育是以教育机器人和 3D 打印机等数字制造工具为主要载体的教育。概言之，创客教育作为一种工程教育，它是玩中学的教育、做中学的教育、创业意识的教育、虚实融合的教育、学科整合的教育，更是一场教育理念的革命。

（一）玩中学的教育

创客教育的第一基调就是好玩，学生应在创客空间中快乐地玩耍，这包含三层含义：（1）让学生接触各种新鲜的"玩具"。在玩的过程中发现问题、解决问题。一个基本的经验就是儿童在玩的过程中会极其"专注"，并对玩的对象产生各种看法和想法。（2）DIY 自己喜欢的"玩具"。按自己的喜好进行选题和设计，也就是所谓"做中学"的教育。（3）学会分享。好玩的东西需要分享，有分享才有评价和改进，才能激发进一步的学习和创造。如此，在"玩"的过程中学以致用，感受知识学习的价值，获得创造的成就感和愉悦性，达到乐中学、学中乐的状态。《论语·雍也》有言："知之者不如好之者，好之者不如乐之者。"知、好、乐是学习的三层境界，创客教育要达到乐学，才能让学生从内心里体会到创新与分享的快乐，并促进其健康人格的塑造。从这个意义上说，以正规学科课程实施并以考试分数或竞赛为导向的"创客教育"，违背了创客教育的初衷。

（二）做中学的教育

美国著名教育家约翰·杜威（John Dewey）提出"做中学"的思想，他认为学习是游戏、试验与实地探究的产物。考察国外的创客教育实践，创客教育的学习活动通常都是基于一个项目开展的，且学习成果可视化，帮助学生形成自我激励、规划设计、时间管理、自主学习、小组协作等素养。创客教育不仅要好玩，而且要让学生经历完整的探究、制作一个项目作品的过程，而不是亦步亦趋地跟随教师的讲解进行练习。因此，创客教育的意义不仅在于帮助学生运用所学知识解决实际问题，也在于在探索、创造和改变的过程中主动发现知识。

（三）创业意识的教育

正如创新 2.0 所倡导的精神一样，创客教育鼓励青少年把自己喜欢的东西做成可以分享的作品，或者通过实现别人的创意获得成就感，以形成产品制造者角色的意识与自觉。因此，创客教育也是一种面向未来的教育。如温州中学的创客教育造就一批可以在学校科技节中售卖自创作品的创客，他们能够根据学生顾客的需求定制个性化作品。当然，就基础教育阶段而言，创业意识的教育并非直接培养创业家，也不是要求学生去开发有具体实用价值的产品，而是要让学生养成一种"市场意识"，以趣味性和新颖性为导向，在创作的过程中能够主动思考自己创作的作品是否具有分享的价值，是否能获得特定人群的关注和喜欢，从而获得自我实现的成就感，使学习成为一个持续、主动的过程。

（四）虚实融合的教育

正如第四次工业革命强调以信息物理融合系统为基础一样，创客教育也是一种虚实融合的教育革命。虚实融合主要体现在两个方面：一是在学习环境上，既需要线上的环境提供创客交流社区和学习资源，也需要线下的创客空间以开展创意设计和创作；二是在创作工具与对象上，不仅需要建模、编程等软件，更需要将设计的创意落实为具体的实物模型或产品。

（五）学科整合的教育

创客教育的跨学科特性，究其根本在于创客教育是一个基于真实的工程问题的解决过程。创客教育为全体学生创设一个自我发展的契机，特别是创客教育中对技术、设计和创意的追求，使其成为推进科学、技术、工程和数学领域的教育（Science, Technology, Engineering, and Mathematics，简称 STEM 教育）的最有效路径。创客教育很好地与 STEM 教育进行融合，有利于改变课程结构过于强调学科本位和缺乏整合的现状。在创客教育的过程中，艺术的设计与创造的产生同等重要。创客教育不仅鼓励学生有创造性思维、批判性思维和实践精神，也非常重视对学生审美观念的塑造。只有将二者结合起来才能够有效激发学生对 STEM 课程的关注，增强他们学习相关课程的积极性。

第二节　创客教育与创新教育

一、创客教育与学校创新教育谱系

创客教育并非一种具体的教育教学模式或方法，而是一种理念和取向，用于指导具体的创客教学、创客运动和创客文化发展。从操作上看，创客教育不同于任何一个学科教育教学，

它包含正式学习，也包含贯穿学习者一生的非正式学习。创客教育与当前学校教育谱系中的创新教育范式相比，有着一些新的特点。（见表4-1）

表4-1 创客教育与学校创新教育谱系的对比

类型	面向对象	核心内涵	培养目标	成果标的
创客教育	大众（K12、高校、社会）	动手做、创造、分享	发展创客素养，培养创新实践能力	创意作品、创新创业项目
STEM教育	K12、高校学生	跨学科融合	STEM素养	虚拟作品（公式、定理等）、实物
科技创新教育	少数拔尖学生	技术发明、创新实践	挖掘创新潜力	科技作品、产品
设计思维教育	全体学生	设计思考、问题导向	系统思考能力，合作创新能力	产品、解决方案
信息技术教育	K12学生	信息技术应用	培养信息素养	软件制作的电子产品
创业教育	部分高校学生	创新创业意识与能力	培养创新创业精神与实践能力	创新素质、创业项目

注：K12，教育类专用名词（Kindergarten Through Twelfth Grade），是指从幼儿园（Kindergarten，通常5—6岁）到十二年级（Grade 12，通常17—18岁）的基础教育阶段，主要被美国、加拿大等北美国家采用。

（一）创客教育与 STEM 教育

从其跨学科属性看，STEM教育与创客教育具有一些共性，加之信息技术工具的使用，使得STEM教育凸显其操作性，类似于DIY。因此，很多学校的创客教育就是从STEM课程转型或者嫁接而来。同时，虽然创客教育和STEM教育有很多内在联系，但仍有许多不同。首先，STEM教育涉及数学、科学（理化生等）、技术（通用技术、信息技术）、艺术（语言、音乐、美术）等四大领域的核心课程和选修课程，强调以课程为依托，将工程问题融入其中，围绕学科知识与能力，着重提高学生的 STEM 素养，优化学业成绩。创客教育旨在应用创客理念重塑教育，采用项目化和参与式的学习方式，强调通过动手做将创意变成实实在在的作品。其次，STEM 教育有一套规范的学习流程，作为一种综合性的课程，学生在实践和研究性学习中所进行的步骤都是规范的。但创客教育却有更大的自主性，允许学生犯错，让学生在不断失败、重试、沟通中学到知识，体验真实的实践过程。指导老师只在必要的时候提供一定的指导，避免学生"误入歧途"。再次，创客教育和 STEM 教育虽都重视小组合作和团队学习，但创客教育更强调分享。创客们将自己的想法、作品、技术无保留地与他人分享，不仅不担心他人抄袭，失去"版权"，反而乐于他人模仿与借鉴，以开源硬件为开发工具，学习的门槛比 STEM 教育更低。最后，创客们在分享中，不断改进所使用的开源硬件，使之不断完善，不断进行创新思维火花的碰撞，激发更大的创新。这种协作迭代的更新理念为创客教育中的学习者们提供一种"合法的边缘性参与"的机会，促使学习者不断深入学习，向"中心参与"靠拢。学习者在这种成长过程中将收获包括人际沟通、团队协作、创新问题解决、批判性思维和专业技能等在内的全方位的成长。因此，创客教育与 STEM 教育的相似性体现在两者都强调跨学科学习，重视学科的交叉与融合，将孤立的学科进行整合。创客教育优化 STEM 教育，既为 STEM 教育的实施提供丰富的工程案例和创新思想，又为 STEM 教育的开展提供了新的实践方式，而 STEM 教育则为创客人才培养提供知识和能力基础。

（二）创客教育与科技创新教育

从教育的角度来看，创客教育与科技创新都十分注重创新和动手体验，但创客教育不是培养科技高手，更强调"玩中做""玩中学"，强调技术的平民化、去精英化。科技创新教育的目的还在于培养少数技术精英；科技创新的作品往往"高大上"，技术含量很高，普通个体无法独自完成。这些所谓科技创新作品，大多数希望在科技创新大赛中获奖，成为一种荣誉或者升学的记录。创客作品则是参与者的 DIY，采用开源硬件，协作迭代，不断分享。创客们在创客空间里花费时间仅仅是因为他们喜欢创作，最初的作品或许只是模仿和复制，但在不断尝试中，会不断加入自己的创意，好玩又独特是创客们主动去做的动力。科技创新强调"新"，做前人没有做过的作品，并且作品一定是有价值、有用的，而创客教育则更强调"造"，让学生自己动手做，而不过多考量产品的价值。

（三）创客教育与设计思维教育

在创客教育中，比培养学习者学科知识更具深远意义的是发展其创客思维及 21 世纪核心技能。创客思维强调"能做什么"，可以被理解为"你能用你所掌握的知识和拥有的能力去做些什么"。它可以很好地鼓励人们想出点子，帮助人们寻找创造力自信及创造兴趣。创客思维形成的核心要素有动机（积极参与创造性活动）、自我效能感（相信自己可以完成相应的创造性挑战）、兴趣（我喜欢这样的创造性活动）。创客思维和21世纪核心技能（如系统思考、团队协作、语言表达、兴趣等）的养成对学习者的成长至关重要。在设计思维活动中，当学习者被给予像设计师一样思考的机会时，创造力自信便油然而生。学生可以积极地参与小组活动，更喜欢主动地参与探究性学习而非被动式听讲，可以从不同的角度看待问题并发现身边的可用资源等。此外，设计思维非常强调同理心、原型迭代、跨学科团队合作、可视化、系统观等能力特征，这些特征也都是优秀设计思维者应该具备的特性品质。可见，在创客教育中，思维品质养成于无形之中，学习者运用设计思维方法解决问题的过程及优秀设计思维者培养的过程即创客思维和21世纪核心技能养成的过程。

（四）创客教育与信息技术教育

创客教育是信息技术使能的创新教育实践场。信息技术为创客教育提供硬件、软件、加工工具等搭建的环境，促进与同伴、专家间的交流合作，提供社会化评估的平台。在目前的学科教育中，信息技术教育更贴合创客教育，但不能以此界定创客教育的开展是信息技术学科的责任和专利。信息技术教育强调培养学生的信息素养，而创客教育以问题和项目化的方式让学生"做中学"，培养学生的创新思维、动手能力、参与与分享意识、工程思维等创客素养。信息技术最终呈现的作品大多是用计算机软件完成的电子作品，而在创客教育中，学生依靠工具做出的是实实在在的物理产品。开展创客教育的过程中，如果只是信息技术教师参与，会使创客教育之路越走越窄。我们需要数学、物理、语文、美术等其他多学科老师的共同参与，为创客教育增添更多活力。

（五）创客教育与创业教育

创客本身与创业并无直接关联，创客并不能简单等同于创业者。当人们能够把具备相当技术挑战的创意转变为现实的时候，就成为创客。创客做出来的东西不一定就能百分之百地成就一番创业，但通过多种创业孵化方式，可以实现从创客到创业的转化。但创业作为创客发展的一个选项，在"互联网+"时代，尤其是在当今的中国被赋予了完全不同的意义——互联网技术使得创客的创新创意作品能够实现个性化定制、网络化分享。因此，从这个意义上看，创客教育与创业教育密切相关，创业教育可以说是创客教育的升级版。创业教育是培养人的创业意识、创业思维、创业技能等各种创业综合素质，并最终使被教育者具有一定的创业能力的教育，被称为教育的"第三本护照"。当前发达国家比较重视国民的创业教育，美国已经形成一个相当完备的，涵盖从基础教育、职业教育到高等教育的创业教育体系。目前我国中小学普遍缺乏创业教育，高校的创业教育尽管目前开展得如火如荼，但也才处于起步阶段，这严重影响个体的创新创业意识与能力，急需创客教育来引领和激发各个学段的创新创业教育。创客教育被定位为一种面向大众的创新设计、动手实践、创意分享的教育。可以看出，两者在追求创新产品实现的角度上是一致的，而在目标定位、内容体系上有交叉但指向性具有显著的差异。

二、创客教育系统思维

创客教育不仅仅是学校教育的话题，实际上也是社会和企业关注的焦点。从终身学习的角度看，创客教育应该贯穿个体社会发展的始终。但不同阶段的创客教育应该有不同的内涵。从终身学习、系统思维的角度看，创客教育实际上是集创客精神、设计思维、创客潜能、创客知能、创客实践为一体的系统思维。创业教育实施过程中，在不同的学段应该承载不同的教育目标：在基础教育中，创客教育强调创客素养的培养；在高

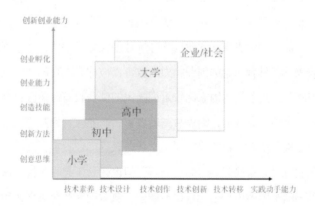

图 4—1

等教育中，创客教育强调创新创业教育；在社会教育中，创客教育更强调创业实践与孵化（图4-1）。

创客教育系统思维清晰表明终身教育背景下的创客教育实施路径。首先，对于全体个体来说，创客精神的培植至关重要，包括创意思维、技术素养等，这也是需要从小培养的素质。其次，创客潜能主要是通过创新方法和技术设计等课程学习，为创客的实践动手能力打好基础，主要在初中阶段完成。再次，创客所需要的知识和能力包括创造技能和技术创作，应该在具备基本素养和潜质的基础上，在高中阶段完成；大学阶段的创客教育重在专业化的技术创新和创业能力；而社会化的、企业的创客教育重在创客项目孵化，并最终实现知识社会化和技术产业化。当然，上述阶段并非跳跃性的，而是连续的，贯穿个体发展的整个过程，也是一个不断学习和强化的过程。这样，才能在全社会形成创客文化，培养创客个体，支撑"大众创业、万众创新"的新趋势。

（一）基础教育领域的创客素养教育

早在1977年，联合国教科文组织就提出："基础教育是向每个人提供并为一切人所共有的最低限度的知识、观点、社会准则和经验的教育，目的是使每个人能够发挥自己的潜力、创造性和批判精神。"在基础教育阶段，创客教育主要着眼于最低限度的创客素养发展，以帮助学生创造性地运用各种技术和非技术手段，通过团队协作发现问题、解构问题、寻找解决方案，并经过不断实验形成创造性的制品，它与学习者的人际沟通、团队协作、创新问题解决、批判性思维和专业技能等方面的能力有关，也决定着学习者在未来是否能够适应社会与工作，获得自我实现。

不同于学校教育中的传统科技制作课、手工课、社会实践课，课上会安排一些简单的半成品拼装试验，孩子们只要按照步骤一步步执行即可。创客教育是一个回归最原始人类边玩儿边学的学习体验，融合学习动机、学习情景、主动学习、协作交流、及时反馈、尊重失败等教学理念于一体的学习形式。通过创客活动，可以不断提升学习者的自我认知、自我效能感和团队意识，实现学生包括人际沟通、团队协作、创新问题解决、批判性思维和专业技能等在内的全方位能力的发展。学校开展创客素养导向的创客教育，需要系统推进，包括建设特色的创客空间，培养一批创客教育指导教师，开设跨学科的创客课程，组织创客活动，开展学生创客作品集市等。

（二）高等教育领域的创新创业教育

高等教育具有教学、研究、服务社会及文化传承与创新的职能，在众创时代，创新型人才培养是核心。高校的创新创业教育是以培养学生的创新精神、创业意识和创业能力为基本价值取向的教育。作为国家创新体系的重要组成部分，高校不断更新教育理念，转变人才培养模式，加强创新创业，着力培养一大批具有社会责任感和创业能力、善于挖掘新技术、善于将创业成果转化为现实生产力的"知行合一"的高素质人才。从内涵上看，创新与创业既有区别又密不可分。一方面，创新包含更多思维层面的创造，强调打破常规、勇于开拓、乐于尝试、善于变化；创业强调行动上的创新，是一种开创新的事业、新的企业或新的岗位的创新性实践活动。另一方面，创新是创业的本质和手段，创业是实现创新的过程。

在"大众创业、万众创新"战略背景下，创新创业已经成为国家战略，高校成为创新创业的重要阵地。2015年，国务院办公厅印发的《关于深化高等学校创新创业教育改革的实施意见》中指出，进一步引导高校开展创新创业教育工作，可以从以下几方面入手：一是激发学生的创新创业意识，培植创客思维。通过通识教育培养所有学生勤思考、善质疑、敢于挑战权威的创业精神，厚植创新文化，激发学生的创业动机、创业兴趣、创业理想，增强学生的市场意识、经营意识、风险意识。二是开发创新创业课程，打造高校创客空间，整合共享全校的学术科研资源，立足校内现有基础，结合各类拔尖创新人才培养计划，构建服务于"创客"群体的开放性、散布型"众创空间"，建立针对"创客"群体需求的文化教育、朋辈分享和公共服务体系。三是将创新创业教育融入专业人才培养全过程，突出"新理论、新技术、新工具、新方法"，在专业教育中渗透创新创业思想，注重专业知识的社会化与实践化。四是提供高效率的创客创业服务保障，学校对学生创客项目的分享、启动、运营、保障提供全方位的服务。

（三）社会教育领域的创业实践教育

创客经由全国两会的传播，在原意衍生的基础上，更把大众创业、万众创新的意义涵盖进去。创客是一个群体，是一种精神，更是一种行动。社会创新活力的激发、社会创新要素的聚集，都需要通过社会化的创客项目转化得以实现。包括企业、NGO（非政府组织）等在内的社会领域的创业实践教育，主要通过面向人人的众创空间来实现，目标指向社会个体创新与创业实践。相对于基础教育和高等教育领域，社会教育领域的创客活动具有资源、成本、导师、服务等资源环境，而且与社会经济产业无缝对接，对于创客项目的培育与孵化具有天然的优势，有利于创客制品的分享、创造与市场化。2015 年，国务院发布的《关于大力推进大众创业万众创新若干政策措施的意见》中明确提出，要构建一批低成本、便利化、全要素、开放式的众创空间，推进创新创业公共服务，支持创客们的创意转化与创业孵化，实现"大众创业、万众创新"。

社会领域的创业实践教育主要依托众创空间进行，通过构建面向公众群体开放的创意分享、创新设计与产品创造空间，为创客提供创新活动所必需的制造材料、数码设备和操作设施，提供分享和学习为主导的社交活动，例如创新成果和经验的分享、创客入门课程等。创业实践活动通过互联网、开源软件和开源硬件以及 3D 打印等新技术的应用，降低了创业的边际成本，促使更多创业者加入，使得创客项目的落地更加便捷和高效。不断将重心从项目管理、企业孵化，进一步前移到创意激励、创新实现和弹性就业保障。

总之，创客与创客运动的发展有利于社会创新要素的激发，有利于社会整体创新能力的提升。创客教育是一种贯穿终身的，面向全人发展的，培养个体DIY、创造能力与分享精神的教育。不同学段的创客教育承载不同的教育功能，需要将创新、创意、创业整合于整个教育体系，形成"创客+基础教育、高等教育、社会教育"的创客教育系统。创客教育需要推动政府部门、教育界、产业界、家庭以及创客组织的跨界合作，形成协同效应。首先，要将创业精神培育和创业素质教育纳入国民教育体系，实现全社会创业教育和培训制度化、体系化。其次，创客教育的不同生态链条需要无缝衔接，政府、产业、教育、社会组织以及家庭分别在政策和资金支持、智力资源和人力支持、技术与平台支撑、组织与活动支持、行为与态度养成等方面发挥各自效力，才能引发创客教育的共振效应。再次，要重点发挥社会性组织比如各种NGO在社会创客发展中的独特作用，以社会公益创业的形式进行运作，形成创客发展的组织氛围，助推创客运动发展。而作为创客教育的主渠道，学校要将创客融入教育系统各要素，建立从创意、创新到创业的创客教育系统和生态圈，引发深层次、真实的学习变革，激活众创时代的创新基因，培养创新型人才。

第三节　创客教育+STEM教育

　★案例：芬兰现象教学　跨学科融合的教育改革

　这是一堂英语课，教室白板上挂着的是一幅欧洲大陆地图，

孩子们必须用英语说出地图上每个国家的名称和天气情况。比如，芬兰今天阳光明媚，丹麦是雾蒙蒙的。这样学生将学习英语和地理结合了起来，一堂课就学习到英语和地理两方面的知识。而在另外一节课中，学生们通过竞赛的方式在学校走廊里收集有关非洲大陆的信息。

选择"自助餐厅服务"课题的职业学校学生，可以通过为外国顾客服务锻炼数学、语言、写作和沟通能力；选择模特课题的学生将学习化妆、设计等艺术方面的技能；有志于学术研究的学生，可以选择将历史、经济和外语等元素糅合起来的欧盟相关课题。各个课程模块的教学，涉及地理、历史、生物、数学等不同学科的知识，同时非常注重学生的合作学习及学生自评和互评在过程性、结果性评价中的主体作用。

经过长达 4 年的研究讨论，芬兰在 2016 年秋季开始，正式启用全新的基础教育核心课程纲要，推动新一轮基础教育改革。具体措施包括：废除学科分科（Teaching by Subject）的教学模式，不再分历史、地理等学科，而改为现象教学（Teaching by Topic）。所谓"现象教学"，也称"场景主题教学"，即事先确定一些主题，然后围绕这些主题，将相近的学科知识重新编排，形成学科融合式的课程模块，在同一模块中囊括经济、历史、地理等各种跨学科的知识，以主题贯穿学习，实现跨学科教学。

创客教育为全体学生创设一个自我发展的契机，特别是创客教育中对技术、设计和创意的追求，使其成为推进科学、技术、工程和数学领域的教育（STEM 教育）的最有效路径。STEM 教育以整合的教学方式培养学生，使其掌握知识和技能，并能进行灵活迁移应用，以解决真实世界的问题。STEM 教育与信息时代下的创客教育正在深度融合，这将带来中小学生创新意识培养和实践能力提升的新增长点。一方面，创客教育的数字技术和文化氛围将丰富和优化 STEM 教育的内容和手段，让 STEM 教育重新焕发新的生命力；另一方面，STEM 教育的跨学科综合理念、基于项目或问题的教学方法使创客活动更符合学校教育和人才培养的需求，使创客教育的目标与方向、实施过程更加清晰。STEM 教育 + 创客教育正在推动创客教育理念与目标的优化，促进教学策略的提升及高等教育的改革转型。

一、理念与目标

创客教育要以学生的自主探究和动手制造为核心，它根植于杜威的进步主义和 Logo 语言发明者——西蒙·帕伯特（Seymour Papert）教授早年提出的建造主义，强调学生在学习过程中利用知识建造外在的、具体的、可分享的人工制品并建立良好的人际关系。在学科整合途径上，可以借鉴整合性 STEM 教育方法，即在研究各学科特点的基础上探求以工程技术教育为核心、整合数学和科学的教学方法。也就是利用技术 / 工程教育的思想和模式有意图地整合科学 / 数学教育的内容和过程，采用技术 / 工程教育常用的基于设计的学习（Design-based Learning）方法，让学生在面向真实问题解决的项目探究学习（Problem-based Learning）过程中，综合运用技术素养、工程 / 技术的设计过程、科学素养、科学探究和科学 / 数学以及其他相关概念来设计和制作人工制品，从而达到培养学生 STEM 素养、创新意识和实践能力的目的。

数字时代，创客教育的总体目标是利用物理计算平台和 3D 打印技术等前沿数字技术，综合运用跨学科知识，动手创造人工制品。在探究所生活的世界相互联系的不同侧面的过程中学习和掌握面向真实需求的问题解决的过程和方法，培养和提升创意设计能力、团队合作能力、问题分析与解决能力和实践创新能力以及 STEM 素养。从目标来看，创客教育的教学目标可以包括知识与技能（如物理计算的基本原理、硬件装配、电子元件识别、电路搭建、程序编写、功能调试、3D 打印建模等）、过程与方法（即在教师指导下，通过模仿、自主探究和动手制造来完成从易到难的硬件装配、电路搭建、程序编写和功能调试，在观察、思考、设计、制作、试验等活动中掌握发现问题、分析与解决问题的方法）和情感态度与价值观（即感受物理计算平台对于连接人与数字虚拟世界、现实物理世界的便捷性，培养动手解决实际问题的兴趣和热爱生活的情怀，提高问题意识，形成勇于探索、积极实践、乐于合作的学习态度与品质）。

二、教学策略

创客教育是面向 STEM 综合素养提升的教育，其教学过程和方法主要基于项目，并围绕问题来开展。学生自主探究和动手体验是教学的核心，有助于教育教学策略的提升。

（一）回归真实世界的实践

创客教育要让学生回归真实世界，在观察周围世界、关注自己和他人需要的过程中，从亲近与探索自然、体验与融入社会、认识与完善自我等多个主题领域寻找创意设计的灵感，从而创作各种蕴含现实社会意义和文化内涵，并与科学、艺术、生活等多领域场景无缝衔接的互动媒体作品，探索问题解决的真谛：从生活中来再到生活中去。例如，一些学校师生使用各种物理计算工具／平台创作面向实际需求的互动媒体装置，如多个纸盘触碰开关组成的投票器、报警器、节水器、纸板弹琴、楼梯弹琴以及基于橡皮泥的计算器等。

（二）围绕创新，大胆实践

追求创新是创客教育的重要价值取向，创新可能来自于对微小而独特需求的发现，而表达创新想法的途径就是制作个性化、具有智能、能带来高附加值的互动媒体作品。这类作品可能是生活中能用的东西，如测温报警、温控风扇、网络浇花器、遥控台灯等，也可能是有质感的、让人们心情愉悦的东西，如流水灯、呼吸灯、蜂鸣器电子琴、开启并奏乐的蛋糕盒等。由于互动媒体作品面向实用，面向美学欣赏，创作者需要考虑应用需求和现实困境，大胆实践，在聆听周围同学和用户意见的基础上持续完善。比如为了把互动媒体作品做得更有质感，可以把作品做得大一些，让作品与人互动，结合信息通信的知识与技术创作作品，这样独具创意的互动媒体作品就不再只是冷冰冰的装置和设备，而变身为巧妙解决现实问题、充满生活乐趣的智能作品。

（三）倡导迭代式学习过程

迭代式学习过程是不断重复、递进的过程。美国麻省理工学院（Massachusetts Institute of Technology，MIT）终身幼儿园研究小组主任雷斯尼克教授曾提出创意思考螺旋（Creative Thinking Spiral），它包括不断迭代发展的五个阶段，即想象→创造→玩耍→分享→反思→再想象……也就是互动媒体作品的创作开始于不成熟的想法或创意灵感，然后经历设计、制作、调试、改进和修饰作品，最终完成可以运作的互动媒体作品。分享、反思是整个互动媒体作品创作过程的组成部分，因为交流分享创作成果和深刻反思学习过程是灵感、想象、完善、提高的源泉。

（四）强调跨学科综合，鼓励合作探究

创客教育是围绕设计计算机增强的互动装置和空间而展开的，这是一些吸引学生、激发学习动机的活动。它需要以工程、技术为核心，综合应用跨学科知识与技能，并鼓励不同兴趣、特质的同学一起参与合作式探究。例如，2014年5月上海师范大学两名计算机科学与技术师范专业学生联合本校音乐、美术专业的多名学生，围绕音乐元素合作创作"音乐风暴"互动媒体作品。该作品功能完整，包括乐曲播放、知识问答、歌词知识介绍、曲谱游戏、简易电子琴和简易电子鼓六个模块，可以让玩家体验自己成为乐队成员、音乐鉴赏家、乐器演奏家、作曲家和作词家的乐趣。其中简易电子琴和简易电子鼓是利用传感器板（Picoboard）、电路板（Makey）和其他材料（铜箔纸、纸板、海绵等）完成的。该作品在2014年上海举办的Scratch Day China创意编程作品展示交流活动中进行公开展示，其精美的画面、精致的音效、流畅的功能受到现场来宾和其他中小学参赛成员的啧啧称赞。由此可见，跨学科综合和团队合作可以使互动媒体作品创作的深度和广度进一步提升。

（五）提倡案例教学，鼓励再创作

基于案例的模仿、探究是开展创客教育的重要途径，案例

融合必要的知识与技能、渗透解决现实问题的方法与过程，为学生的创新意识培养和创新能力提升搭建必要的脚手架。案例的学习不仅限于模仿，还应鼓励学生进行互动媒体作品的再创作，从作品的互动方式到呈现方式，再到功能的拓展都可以引导学生提出自己的创意想法，再付诸实践。再创作是计算参与理念下的重要实践方式，它有助于学生不断积累创意设计经验，为后续高水平的原创性设计与创作打下坚实的基础。

随着前沿数字技术的开源、底层封装和门槛降低，越来越多的中小学信息技术教师开启创客教育之旅。他们带领着一批中小学生，开始面向现实生活进行挑战，追求对生活的美化和情操的陶冶，尝试突破传统键盘、鼠标的人机交互局限，用多样化的输入、快速准确的处理和多样化的输出方式，来设计、制作具有独特人机互动方式的互动媒体作品。从趣味编程到趣味创造，国内师生们创造的互动媒体作品已经在科学实验、数学建模、仿真模拟、艺术表达、创意设计等方面，挖掘出越来越多的创新实践潜力。

三、高等教育改革转型

STEM 课程的丰富性、创造性和娱乐性，使创客教育融入大学的 STEM 教育成为可能，这也有力地推动大学教育的变革。创客教育意味着大学所培养的学生一定是爱玩的学生——基于自己的兴趣与天赋潜能，他们可以玩转设计、玩转创意、玩转生产、玩转营销，他们也知道在哪里能够找到必要的材料和可以协助自己的伙伴。不同年龄、知识背景和实践经验的个体可以共同学习，互相协作，伴随着简单的规则，生成复杂的内容，创生新的知识。

创客运动面临的最大挑战和机遇是高等教育的转型。技术正在赋予大学生更多的学习自主权，同时也激发学生不断创造的潜力。我国的大学在发展创客教育方面，应该在理念与实践层面实现如下变革：（1）创设一种发展创客理念的情境，一种鼓励学生相信自己可以学习任何事物的理念；（2）建造一种新的实践实体来教授创客和发展实践的团队；（3）在多样化的社区情境之中设计和发展创客空间，为多样化的学习群体提供服务，使他们可以分享彼此的资源；（4）界定、发展和分享广阔的框架项目和工具包，基于更大范围的工具和材料，将学生的兴趣与学校内外相连接；（5）充分关注与当地社区的互动，为学生、教师和社区之间的协作设计与建立在线社交平台；（6）为年轻人发展项目，允许他们在更多的学校创客活动中占据领导地位；（7）创设一种社区情境，让学生与所有创客在创客活动中展示工作关系，比如创造人们实践的新机遇；（8）允许个体和小组建立创客社区的实践记录，以帮助他们提高学术水平和职业技能；（9）发展教育情境，将创客实践与正式教育的理论相结合，支持探索性地引入新工具，培养创客的新思维方式；（10）努力发展所有学生全部的潜能、创造性和自信心；（11）开始将个体生活和所处社区的变革相连接。

创客教育的出现为我国高校工程人才培养模式的改革提供一种新的思路和新的机遇，体现创客文化的创业教育课程可以帮助每位学生在科学、技术、工程和数学领域做得更好。创客教育与传统教育在课程要求和知识体系上并不冲突，二者完全可以进行有效的结合，从而产生更优的效果。对于我国高校工程人才培养的未来发展而言，我们首先需要增强对创客文化的理解，特别是来自高校领导者的支持和"创客教师"群体的扩大——只有让人们沉浸在创客活动所带来的愉悦之中，使人们发现自身的创造潜力，并以群体的方式进行情感沟通与互相扶持，共同分享创造的喜悦，创客教育才能真正在我国未来的高等教育变革浪潮中发挥重要的引领作用。

党的十九大报告指出："青年兴则国家兴，青年强则国家强。青年一代有理想、有本领、有担当，国家就有前途，民族就有希望。中国梦是历史的、现实的，也是未来的；是我们这一代的，更是青年一代的。中华民族伟大复兴的中国梦终将在一代代青年的接力奋斗中变为现实。"面向未来的中国教育，应顺应众创时代发展潮流，关注青年创客的培养，为他们实现人生出彩搭建舞台。唐代诗人刘禹锡的诗句说得真切——"沉舟侧畔千帆过，病树前头万木春"。众创时代创客运动的勃兴，带来创客教育的大发展，必将以此为突破口推动中国教育的大变革。在全面实施创新驱动发展战略，深化教育教学改革的当下，教育革新的春天已然到来，我们更应该为新的季节做好准备。

【推荐阅读】

1.［美］新媒体联盟（NMC），北京开放大学项目组.新媒体联盟地平线报告（2015高等教育版）[J].北京广播电视大学学报，2015（02）：1-18.

2.［美］新媒体联盟（NMC），北京开放大学项目组.新媒体联盟地平线报告（2015基础教育版）[J].北京广播电视大学学报，2015（增刊）.

3.王佑镁，王晓静，包雪.创客教育连续统：激活众创时代的创新基因[J].现代远程教育研究，2015（05）：38-46.

4.李大维.创客教育，让青少年触摸真实的世界[R].2015-04-02.

5.李凌，王颉."创客"：柔软地改变教育[N].中国教育报，2014-09-23（005）.

6.李志义.创新创业教育之我见[J].中国大学教学，2014（04）：5-7.

7.刘志迎，陈青祥，徐毅.众创的概念模型及其理论解析[J].科学学与科学技术管理，2015（02）：52-61.

8.雒亮，祝智庭.开源硬件：撬动创客教育实践的杠杆[J].中国电化教育，2015（04）：7-14.

9.宋刚，张楠.创新2.0：知识社会环境下的创新民主化[J].中国软科学，2009（10）：60-66.

10.王志强，李菲，卓泽林.美国高校创客教育与STEM教育的融合：理念、路径、启示[J].复旦教育论坛，2016（14）：101-107.

11.王旭卿.面向STEM教育的创客教育模式研究[J].中国电化教育，2015（08）：36-41.

12.闫寒冰，郑东芳，李笑樱.设计思维：创客教育不可或缺的使能方法论[J].电化教育研究，2017（06）：34-44，46.

第五章
它山之石：成功之门

　　创新、创业成为新常态下经济社会发展的新引擎，不仅是青年人的事业，更是中年人甚至老年人的事业。根据对 13 个国家的年轻人调查显示，回答"对创业不感兴趣"的中国年轻人仅为 6% 左右，"考虑将来创业"的日本年轻人为 29%，在受调查的 13 个国家中最低，中国考虑将来创业的年轻人达 40%。近九成中国人对创业持积极态度，62% 的受访者想开创自己的事业，远高于国际平均水平。中国由农业社会走向工业社会，由计划经济走向市场经济，近 40 年走过发达国家上百年的发展历程。改革开放带来的巨大变化举世瞩目，在此经济新常态的背景下，中国又面临着人类历史上最大规模的中国城镇化，市场潜力巨大。中国有 13 亿人口、9 亿劳动力、7000 万企业和个体工商户。随着鼓励创新创业的相关政策和措施陆续出台实施，民众的创业精神正在焕发，借助中国改革创新的东风，在广袤的大地上一股 "大众创业""草根创业"的新浪潮正在袭来。"互联网 +"时代到来，产业加速转型升级，新的产业和业态不断涌现，一个崭新的时代正喷薄而发，展现在人们的面前，人人都可以实现自己的理想。

第一节　人人可创业

"创客"教育就是把自己的理想经过自己艰苦努力付诸实践。有一首歌这样写道："撸起袖子加油干，如果你还没有团队，如果你还很迷茫，如果你还想在 2017 结束前有个满意的结果，如果你还有梦想，如果你对现状不满意，如果你看好互联网，如果你想改变家族的命运，如果的如果……创业不是爱拼才会赢，而是拼对了才会赢。创业把握对趋势，选择对平台，人在哪钱在哪，日常开支转变收入，厂家直销的网购大卖场，不需要囤货进货，零风险，平凡人改命的机会，做不做了解没有错，信息化时代，谁拥有的信息量越多谁就是赢家，谁拥有的消费者越多谁就是富人。"这是创业最好的年代，大学生可创业，职场人可创业，农民也可以创业，只要你有理想都可以努力实现。

★**案例　李康武：高职生带领全家成老板**

李康武家在广东遂溪县界炮镇山内村很有名：出了 3 个大学生，家庭成员全都成为老板。刚从中山职业技术学院毕业 6 年的他，自立自强，不但从实习生成长为销售经理，拿遍所供职公司的所有个人荣誉，后来还自己创办企业成为总经理。

打工供自己读完大学

李康武左手中指上有一道清晰的痕迹，那是大一暑假打工被砸的。2007年9月，李康武入读中山职业技术学院电梯维护与管理专业。父母在家务农，家中孩子多，李康武要自己挣生活费和学费。大一暑假刚开始，李康武身上仅剩80多元钱，他应聘到中山市南头镇一家家具厂做搬运工。时值酷暑，封闭的车间如同火炉，一天到晚室温40多度。

进厂第二天，李康武与工友一起抬150多斤重的木箱时手没抓牢，木箱重重向下砸去，左手中指被砸出了一道10厘米的伤口。干了一个暑假，李康武瘦了8斤多，挣到4500元。

大二开学后，李康武的家庭发生变故，正读高中和初中的两个弟弟李康文、李秋峰辍学来找他。两个弟弟跟着李康武，挤在学校宿舍。但家庭的变故并没有打倒李康武，他坚信知识可以改变命运。2008年11月底，他将李秋峰劝回学校读书，帮不愿意回学校的李康文找了份工作，自己继续边读书边打工。

中山职业技术学院南区电梯学院常务副院长肖伟平曾在朋友的厂里为李康武介绍一份暑期工，"朋友多次夸他，干活又快又好，还结合自己的工作给厂里开发了一套操作规范"。

工作6年，拿遍公司所有荣誉

巨人通力是一家中外合资的电梯企业。在这里，李康武用6年时间就成为中层，还拿遍公司所有个人荣誉。

2010年1月，李康武和3名同学被派往巨人通力海南分公司实习，从最基层的电梯安装、保养做起。工作枯燥，又苦又累，一名同时入职的同事不到 3 个月就走了。

4 个月后，李康武因为踏实肯干、不怕吃苦，被委任为公司琼海市维修保养站站长。在接下来的一年半里，李康武每天 7 点出门，晚上 11 点才回来。他在琼海工作期间保持了零投诉，客户对其评价很高。2013 年，因工作出色，李康武被提拔为项目经理。

2015 年 5 月，公司希望将李康武升为广西分公司安装经理，薪酬诱人，但被李康武拒绝。"在高收入和发展前景之间，我选择后者。"李康武认为自己的技术、管理能力较强，但人际交往、市场营销能力差。他想补齐短板，希望成为销售经理，不久他就如愿以偿。

"老家近年来发展很快，电梯人才和企业紧缺。"2015 年 8 月，李康武开始筹备在老家所在的湛江市开电梯公司。他开始两地跑，周一至周五忙海口的工作，周末忙湛江的工作。2016 年 3 月，湛江市华厦电梯公司正式成立后，公司需要他回来处理的事情更多。

"家乡需要我。"2016 年 7 月，李康武辞职时已拿到巨人通力所有个人荣誉，"此时我已在公司学会专业知识和企业管理文化"。

让家庭变得更好是人生的目标

李康武拼命多挣钱、少花钱，就想攒钱资助家人成才、发展。2010 年 9 月，李秋峰被广东一所独立学院室内设计专业录取，一年学费 1.8 万元。李秋峰嫌学费高不愿上，李康武鼓励他好好读书，学费和生活费由他全部解决。当年，李康文也通过成人高考考入大学，学费、生活费每年约 1 万元，也主要由李康武承担。

弟弟们大学毕业后，李康武又资助他们实现创业梦。2013年 11 月，李康文想与朋友开公司，主要经营监控摄像头。李康武就将当时自己的全部积蓄拿出。李康文与朋友合伙开了湛江市智汇科技有限公司。

2014 年底，李秋峰大学毕业后，希望与朋友在江门市开一家咖啡店，李康武也给予资助。

当自己更有能力后，李康武又尽力帮其他家人。今年，李康武与朋友合伙开办湛江睿视科技有限公司，他把该公司 10%的股份转给大哥。原本在外地做水果批发生意的大哥，回到老家成为该公司工程副经理。

如今，李康武的父亲李南瑞也已是他任总经理的湛江市华厦电梯有限公司的副总经理，母亲经营一家商铺。"让家庭变得更好是我人生的目标，家人和睦相处、幸福生活是我从小的梦想。而中山职业技术学院教给我的知识和技术，让我有了攀登梦想高峰的云梯。"李康武认为高职生自立自强，同样也能让自己和家人"鲤鱼跃龙门"。

（摘自《中国教育报》2016 年 12 月 17 日）

【评析】李康武作为中山职业技术学院的毕业生，凭自己的努力，靠吃苦耐劳、积极向上，不仅自己走上致富道路，而且带领家人走上共同富裕的道路。李康武的故事，在我们生活里很平凡，我们都可以做到，但是我们很多人没有去做。其实，只要我们努力付出，都可以得到丰收的快乐。

★案例　青筑，实现你的梦想

高校每一年都会向社会输送千千万万的学子，但由于教育目标、课程等的偏差，会出现很多不协调的画面。例如，不少从高校毕业的学子都希望找到一份与专业对口的工作，但是由于各种因素导致他们很难如愿。在我们身边，专业与就业不对口的例子实在不胜枚举。例如，学理工科的去做了文案，学语言的去做了会计，学 IT 的去做了人力资源，学医的去做了销售……可以想见，有多少学子的 Offer 跟自己奋斗了四年的学科专业完全对口呢？

广东青筑科技有限公司，这个成立于 2015 年 6 月不算大的公司，是一家以标准为核心，以技术为依托，专注于建筑材料供应的综合性互联网供应平台。在青筑平台你能实现的不单单只是交易，是更深层次的合作共赢。它拥有贸易平台、标准平台、技术平台，这三大平台各司其职，相互依托，形成生态闭环，青筑模式的生态圈模型就由此构成。目前，青筑已导入产学研合作机制。青筑与高校的合作也实现了常态化，目的就是为了让各大高校培养的高技能人才能够实现专业与岗位之间的匹配，以补充企业日益紧缺的高技能人才队伍。

青筑在与高校合作共赢的项目中比较典型的是地面防滑剂

产品。听到"地面防滑剂"这5个字大家都很容易理解，它的出现就是为了解决地面防滑问题。但是地面防滑剂这个产品产生的始末可能大家都不怎么了解。其实，事情很简单：地面防滑剂就是与高校结合发展下的产物，是由东莞理工学院的教授带着一帮专业学生在联合实验室一起研发出来。他们研发的产品，通过青筑平台孵化成为标准的产品投放市场，接收市场反馈信息，然后通过不断的技术优化，使之成为市场上成熟的产品。在这个过程中，高校学生通过自己的专业知识将自己的想法变为实际的产品，通过青筑平台赋予这个产品使用价值，并转化为实际的教育成果。

在青筑模式的设计里，格外突出研发的地位和研发人员的价值。此处所讲到的研发人员是指与青筑公司签订产学研合作协议的大学等科研团队。研发不是无收入分配的研发，而是有一定研发收入的研发，研发收入是按青筑单品销售收入的3%进行计算，支付给研发人员及研发机构。通过这种形式，可以吸引更多的人参与青筑这个平台，并保证研发项目的市场价值。

通过产学研合作，青筑借助校企联合实验室的硬件实力以及研发的资金力量，为高校解决科研成果被锁在抽屉的难题，将这些没有途径转化的科研成果通过青筑平台进行转化，实现科研成果在现实生活中的应用，从而带动产业的发展。同时，高校人才可以低成本、高效率地获得研发资金的支持，更专业的实验室及器材支持，更优质的检验检测，更快的成果转化等，并增强专业与就业的匹配度。

据统计，截至 2017 年 5 月，青筑客户数量已达 300 余家，其中完成自有品牌孵化 80 余家，仅地面防滑剂单项产品的孵化合作品牌就有 30 多家，产品远销江西南昌、东北等地区。有的客户甚至在一个展会上很轻易地就拿到几百万元的订单，从而也给研发人员及研发机构带来非常可观的利润。

（广东青筑科技有限公司总经理曹志勇撰写）

【评析】曹志勇，已过不惑之年的男子，犹如他的名字，志气、勇敢。出生于湖北的他，属于"南漂"一族，在经过打工之后，在东莞市创立广东青筑科技有限公司，如今带领一帮青年人朝着创业之路高歌猛进。他的公司虽然只有 100 多人，却带给人一种生机勃勃的活力。他们有梦追梦，实现自己的梦想，他们是千百万创业者中的普通一员。在他们的身上，我们看见民族的希望、祖国的未来。他正用他自己的努力，为美好的创业理想而奋斗。

★案例　朋友圈刷出"金鸡蛋"

重庆市江津区李市镇大桥村长大的周鸿，外出打工多年后，将积攒的 8 万元承包 70 亩荒山，种植橙子树和高粱、玉米，她还邀请十多个村民一起开始拓荒之路……

随后，她继续扩大承包范围，种了花椒树、萝卜等农作物，还买来 1100 多只鸡放养在山林中，过上漫山遍野找鸡蛋的"苦中作乐"生活。

　　一次偶然的机会，上海的朋友订购她的鸡蛋，"疯狂游戏"就此开始。她一面在朋友圈展示羊儿山的自然风光和原生态饲养环境，呼吁朋友关注健康食品；一面带领周边农民加入卖鸡蛋的队伍中，过上教饲养、管品质、收鸡蛋的"羊儿山主"的生活。造富羊儿山农民，造富城市居民，也增加了自己的收入。

　　周鸿寻找到靠谱的物流运输服务方，把羊儿山土鸡蛋通过重庆富硒网自有物流体系运送到重庆主城区域，通过第三方物流送到全国。

　　尝到在朋友圈销售土鸡蛋的甜头后，她还想要把更多的羊儿山土特产卖出大山，由此她找到专业的中央电视台国际频道《走遍中国》栏目。《朋友圈刷出金鸡蛋》专题节目播出后，短短 12 个小时，重庆富硒网官方微信平台新增会员 1000 余人，淘宝江津硒货旗舰店销售 1500 余单，重庆富硒网销售近 1000 单，江津硒货微店销售 500 余单，江津硒货有赞商城销售 1000 余单。共计销售 5000 余单，销售总金额 50 余万。

（摘自重庆富硒网）

　　【评析】周鸿，可以说是个地道的农民，是个打工者，只想回到家乡安度晚年，没想到新媒体给她带来商机。她抓住机遇，结合自己的优势，利用互联网实现自己当老板的梦想。她还成立合作社，带乡亲们走上共同富裕的道路。

第二节　兴趣是老师

爱因斯坦有句名言："兴趣是最好的老师。"孔子说："知之者不如好之者，好知者不如乐之者。"一个人一旦对某事物产生浓厚的兴趣，就会主动去求知、去探索、去实践，并在求知、探索、实践中产生愉快的情绪和体验，古今中外的教育家无不重视兴趣在智力开发中的作用。一个人在成长过程中，随着知识、经验、技能的不断丰富，他们已不同程度地产生表达自己对周围世界的认识和情感的要求。所以，在创客教育中，要努力保持创业者的兴趣，兴趣对创业者有着神奇的内驱动作用，能变无效为有效，化低效为高效，也许成功就在兴趣之中。

★案例　斯蒂夫·沃兹尼亚克

2001 年，美国《洛杉矶时报》评选出"本世纪经济领域 50 名最有影响力人物"，美国苹果电脑公司创办人之一沃兹尼亚克并列第 5 名，主要表现为"创办苹果电脑，苹果Ⅰ和苹果Ⅱ的出现带动全球个人电脑的普及应用浪潮，并迫使 IBM 的 PC（个人计算机）于 1981 年面世"。

对于那些打开计算机后知道自己想要什么的人来说，苹果Ⅱ计算机仍然是一件艺术品。1977 年，也许世界上只有少数人具备硬件、软件、电子设备和电路板布线等方面的知识，同时也只有少数人了解苹果Ⅱ计算机的制造技术、艺术特点，并欣赏它的设计优点，或者说也许只有一个人具备上述知识。斯蒂夫·盖瑞·沃兹尼亚克（Stephen Gary Wozniak）是个当之无愧的奇才。

沃兹生于1950年8月11日，他自幼聪颖过人，从小就对电子学表现出非常浓厚的兴趣。

中学时代沃兹比较孤独，没有什么玩伴。他天才外露，但无法接触到计算机。一天他要父亲买一台，父亲说："买一台4K的Nova机的钱，够买一栋房子。"沃兹说："那我还是要房子住。"

沃兹的电子学老师约翰·麦卡勒姆慧眼识英才。他感到沃兹应该有"发泄能量"的地方，学校的课程不够他"消化"。麦卡勒·姆老师想到电子计算机。在硅谷，各类电子公司比比皆是。麦卡勒·姆老师找到附近的西尔瓦尼亚电子公司，与他们达成一项协议——让沃兹每周到那里去操作几次计算机。就这样，沃兹"因祸得福"，从此，与电子计算机结下不解之缘。

在大学里，沃兹看到宿舍里公用电视旁边拥挤的人群，沃兹灵机一动，他制作一台电视信号干扰器，在大家看电视的时候就启动干扰器让电视收不到正常信号。于是同学们都爬到房顶上去调整天线，但别人去都无济于事，只在当被沃兹选定要捉弄的对象上去并且摆定一个非常别扭的姿势时，沃兹才偷偷关上干扰器。只要他稍一放松，沃兹就再把干扰器打开。结果那个倒霉蛋为了大家能看好电视，只好别别扭扭地在房顶上呆着。

1971年夏天，他找到中学时代的老朋友费尔南德兹，准备利用暑假进行电子计算机的研究和制作。他们设法搞到硅谷工厂生产的因外形缺陷而处理的廉价零件，动手制作起来。费尔南德兹的起居室成为实验室。沃兹利用现有的零件进行设计。不到一星期，就拿出"神秘"的图纸。起居室的地毯上堆满各种元器件。看来没有哪张桌子摆得下，干脆就在地毯上焊接安装。夏日的夜晚，炎热难熬，再加上电烙铁的烘烤，他们浑身都被汗水浸透。为此他们准备大量的奶油苏打水，一面焊接，一面喝。这样既能解渴，又能充饥。

经过十几天夜以继日的奋斗，计算机终于试制出来。为此他们两人都掉了好几磅肉。该给这台计算机起个什么名字呢？这台计算机可是在汗水里泡出来的，补充这些汗水的是一瓶又一瓶的奶油苏打水，就叫"奶油苏打水计算机"吧。

为了让外界也知道他们的成果，他俩给当地的报社打电话，并把"奶油苏打水"计算机的功能"吹嘘"一番。不久，来了一位记者和一位摄影师，他们正在寻找天才少年创造发明的题材呢。记者粗略地端详了一下散装在地毯上的计算机，几个大部件之间横七竖八地连着导线，不禁皱起眉头。"能操作一下吗？"记者问。"行！"

沃兹挺有信心地回答，随即插上电源，打开开关。忽然，一缕青烟从电源部分冒出。紧接着，主机里火光一闪，一股刺鼻的焦臭味冲出来，迅即弥漫整个房间。不好，短路了！沃兹连忙拔掉电源插头。火势虽然没有蔓延开来，可"奶油苏打水"计算机却成了一堆破烂。可能是谁在无意之中碰乱线路，造成短路。看来，它太"弱不禁风"，以致险些酿成一场大祸。

沃兹参加自制计算机俱乐部，开始与外界的接触，这给他一种天外有天的感觉，在那里他听到和看到许多他从不知道的东西：Altair计算机、8008和8080芯片……用他自己的话说："自制计算机俱乐部改变了我的生活！"这期间沃兹通过费尔南德兹的介绍，结识他一生中最重要的朋友——史蒂夫·乔布斯，一个沉默寡言、留长发的男孩。他和沃兹有许多共同之处：都是从小就对电子学感兴趣、都爱玩恶作剧，他俩一见如故，并从此成为莫逆之交。

沃兹发现包括Altair在内的许多计算机都与他的"奶油苏打水"相差无几，于是他暗下决心，把"奶油苏打水"改造一番，以便与其他人比试比试。他和乔布斯通过参加俱乐部活动，查阅计算机杂志研究各种CPU（中央处理器）芯片。当时Mos技术公司在一个展销会上仅以20美元的价格出售6502芯片，沃兹和乔布斯去买了一块。两人回来后对其进行一番研究，沃兹成功地将Basic语言移植到6502芯片上，这项研究奠定他本人在个人计算机方面所不可取代的地位。

1976年，21岁的乔布斯和26岁的沃兹在乔布斯家的车库里成立苹果电脑公司。他们的第一个产品是一种没有键盘、机箱、声音和图像的计算机电路板，他们称之为苹果I，这个面貌丑陋的怪物就是今天风靡全球的个人电脑的始祖。

第一台苹果I型，纯粹是闹着玩的，用的是最便宜、最陈旧的多余元件，都是向要好的朋友要的。认识乔布斯后，形势好转。因为乔布斯有着向任何人索要东西的天赋。为了将机器做得尽可能小，需要16针最新的DRAM。沃兹没钱也没资源，只好让乔布斯出马。很快，一台8×11英寸的真正微机问世。它运行沃兹亲手用十六进制码编写的Basic，总共只用30—40块芯片。机器共有8K运行内存（ROM），其中Basic占4K，用户用剩下的4K可运行自己的程序。这个故事已被重复千百次：沃兹为挣下一年的学费，离开大学去惠普公司打工，但一工作就欲罢不能。他申请要为惠普公司设计计算机，遭到拒绝。乔布斯找来钱和买主，劝他"下海"从商，两人装出200台苹果Ⅰ型，十个月内售出了175台，每台售价666美元。用户都是计算机爱好者。他们一用上苹果机就爱上它，而且可能永远不会再爱上别的计算机了。

苹果神话有两种版本：一种是以沃兹为中心（技术为主），一种是以乔布斯为中心（市场为主）。如今全世界都知道苹果的代表产品是Mac，Mac是乔布斯的产品，沃兹并没有参与。但业内人士则会认为苹果Ⅱ型才是苹果的经典。而苹果Ⅱ型则是世界上第一台也是最后一台完全由一个人设计的商品化计算机。沃兹既是编程人员，又是电器工程师，他控制并决定硬软件的每一项性能和功能。

一天，沃兹想到视频问题。在设计中加入两块芯片就能获得高分辨率的图形。他问乔布斯是否合适，乔布斯说："当然好！"结果苹果Ⅱ型第一次用Basic编出的游戏，令每一位观众都大为观止。苹果公司就是靠苹果Ⅱ型的热销而迅速起飞。三年时间内，苹果Ⅱ型的销售额就达到 1.39 亿美元，使公司的销售额可以每年 700% 的速度猛增。显然，乔布斯依赖沃兹在计算机方面的天才，而沃兹则需要乔布斯的指导，两人密不可分，是同一个神话的两面。

（摘自新浪网）

【评析】在沃兹的身上印证了爱因斯坦那句名言"兴趣是最好的老师"。在我们教育孩子时，我们是否注意了解孩子的兴趣，是否尊重孩子兴趣？沃兹的成功就是从兴趣开始的，让我们保护好自己的兴趣，也许它们正是天才的起点。

★**案例　从阿里到小米**

克里斯·安德森应该是中国 IT 业的老朋友了。他发明的新词，比如"长尾理论""Web 已死"，不但通过《连线》杂志在美国风行一时，也顺带吹拂到中国的媒体和科技界。安德森视野广阔，不仅跟踪报道美国莫哈韦沙漠里的 DIY 航天器公司，也关注中国的山寨机文化。10 多年前，当他还是《经济学人》杂志亚洲商务主编时，曾长驻香港，并在那里认识马云。那还是互联网的青葱岁月，马云向安德森征求过关于"阿里巴巴"这个名字的建议。10 多年后，阿里巴巴已是庞然大物，一个由 7000 多万用户和 1000 万商家构成的贸易平台。安德森发现，当年的小个子如今已是全球商业的新领袖。当然，更令他感兴趣的是，阿里巴巴构成创客经济中不可或缺的组成部分。

个人也能向工厂发订单，这是安德森的惊讶所在。他自己就体验过这种模式的威力：他在美国加州，通过阿里巴巴向中国东莞的一家特殊发动机制造商订购电动机，用于自家组装的自动化飞艇，他详细说明自己所需的轴长、线圈数量和电线类型。10天之后，模型机就送达手中。

安德森感叹道，新时代已经赋予个人通过电脑来制造产品的能力。如果你有本钱，你可以拥有自己的3D打印机，或者你可以通过阿里巴巴这样的网络平台来订购。过去，工厂只接受大公司的最大订单，而现在，很多工厂会接受任何规模的订单。世界供应链终于实现了与个人的"阻抗匹配"。现在，人人都可以生产产品。马云将这一模式称为"C2B"（Customer to Business）——客户对企业。"如果我们能够鼓励企业接受更多跨界小订单，就能获得更高的利润，因为这些小订单都是独特的非商品产品。"

如果说淘宝上千奇百怪的小众商品，可以用来解释安德森早几年提出的"长尾理论"，即海量商品和小众需求实现完美匹配；那么，在提出"创客"理论时，阿里巴巴则成为安德森的最佳例证。产业的进化，把长尾从消费端推进到生产端。

安德森提醒我们："互联网革命的真正意义不在于我们能够有更多选择，购买更多产品，而在于我们能够制造自己的产品供其他人消费。"关注创造，而不仅仅是消费，安德森试图唤起更多人的动手精神和创造力。

安德森的这些愿景和自己的行动，散发着某种理想主义的气息，但也容易犯媒体人的通病，即一厢情愿地把某些特殊案例塑造成普遍趋势。以长尾而言，或许 Netflix 的电影库、亚马逊的书店、苹果的 iTunes 音乐商店构成完美的长尾。但中国至今也没有拿得出手的长尾案例，人们仍在追踪热门商品（即"大头"）的游戏中打转。

而创客，也可能遭遇类似的尴尬。除了安德森提到的几个案例，比如 MakerBot、Sparkfun 和 Adafruit 等不知名公司，人们很难想象，在未来几年，能有哪些商品和行业可以变成长尾型的小众制造。玩具、家具、电器……甚至汽车？或者说，如果你想从这位互联网趋势大师的文字中发现某种致富秘籍，那只能是缘木求鱼。因为就算成为创客，那也未必是能在纳斯达克敲钟级别的大亨。

如果硬要举出例证，其实小米手机比较符合安德森的理论。当人们紧盯小米的性价比和硬件参数时，却忽略更好玩的部分，即小米社区和 MIUI 论坛。MIUI，小米公司称为米柚，是一个基于 Android 的操作系统。许多发烧级手机玩家，买了HTC、三星等品牌，但对手机自带的系统又不太满意，多半会自己刷机，而 MIUI、Cyanogen 就是他们的选择。

MIUI 的开发过程，则类似于一个开源项目：小米开发团队的工作就是泡论坛，广泛收集粉丝的反馈，根据这些反馈来解决 bug，推动升级。所谓以互联网思维做手机，MIUI 扮演重要角色。和那些更新缓慢的手机系统不同，MIUI 号称实现了每周升级。要不要做某些功能，某个功能如何改进，都由这数十万粉丝驱动。所以雷军会说，"用户跟粉丝是两回事，用户是在没有更好选择的时候用你"。

安德森在《创客》一书中提到，他的 3D Robotics 公司也采用开源设计：数以百计的人享有共享代码、错误修正和设计创意。在这样的机制下，创新的推进速度远远高于传统的研发模式。对用户来说，社区是产品不可或缺的一部分。从 MakerBot、Sparkfun 和 Adafruit 那些精彩纷呈的博客跟帖，到 Kickstarter 和 Etsy 会员的视频资料，社区人群（同时也是用户）获得别的公司无法给予的归属感和荣誉感。显然，小米社区和 MIUI 论坛是这种开源设计的中国版本。

安德森认为，一旦有了社区，互联网营销也就顺理成章。"创客们不停地在博客和 Twitter（推特）上更新产品进程，上传到网上。社区管理、教程帖、Facebook（脸书）更新……所有这些都是营销。无论是产品的命名，还是某种功能的取舍，都是社区决策的一部分。"这段话也可以适用于小米手机和相关产品的开发过程。

不过，两者的差异也同样明显。在安德森那里，创客是 DIY 精神的延续，各种开源产品，比如自动操控飞机、降噪无线耳机、水母水族箱……都是小众需求。而在中国，小米却是在大众化的产品——手机市场里打拼，小米已经把明年的销售目标定为 1000 万台。

这样一来，小米需要应对的是老牌手机厂商的竞争，以及千万级消费者和大众媒体的压力，而不再是几十万小众拥趸。

因此雷军只能往"雷布斯"的形象发展，而不能以"发烧帮"帮主的角色出现。其实，扮演后者会轻松和自在得多。

小米仍在论坛里延续自己的发烧文化。小米社区有一个名为"酷玩帮"的论坛，从小米盒子到小钢炮蓝牙音箱，甚至遥控机器人等产品，都从这个论坛诞生。或许，这里才最符合安德森心目中的"创客"文化。

（摘自新浪网）

【评析】几年前和朋友讲起克里斯·安德森，那该是肃然起敬，在中国IT业界无人不知，现如今谈起阿里巴巴更是无人不晓。阿里巴巴和小米的故事，给人以很多启发。小米是标准的"发烧帮"，在常人看来是不务正业，可正是他们的兴趣、他们的追求，使他们取得成功，在新兴产业里夺得一席之地。可以思考，我们在解决温饱之后，是否应该有自己的追求呢？

第三节　创新出财富

2014年，习近平总书记在中国科学院第十七次院士大会、中国工程院第十二次院士大会上讲："创新是一个民族进步的灵魂，是一个国家兴旺发达的不竭源泉，也是中华民族最鲜明的民族禀赋。"这句简洁之语，折射着中华民族思想观念的精髓。这样的观念，表现于文字，潜藏在心灵，塑造着气质，决定着命运。"苟日新，日日新，又日新"，是商朝的开国君主成汤的警词。这句话的意思是：如果能每天除旧更新，就要持之以恒。我们开展创造客教育，就是不断进行创新教育，创新使社会不断进步，创新可以创造财富。当前，中国经济进入重量更重质的新常态，在新一代领导集体坚强领导下，中国正在深化结构改革，推动经济增长从传统的要素驱动向创新驱动转变。中央政府提出大众创业、万众创新的口号，企业作为创新主体自然成为创新的排头兵。中国企业应抓住机遇，依靠创新，实现中华民族伟大复兴的中国梦。

★案例　理念的创新

2016 年的广东省创新驱动发展大会上，珠三角九市被赋予重任：按照国家自主创新示范区布局，找准定位，扬长补短，形成分工互补的区域创新整体，成为带动全省创新发展的引擎。作为伟人故乡地处珠三角几何中心的中山，产业镇发达，特色鲜明。中山市拥有 18 个省级专业镇和 37 个国家级产业基地，目前专业镇生产总值占全市的比重已达 74.5%，贡献税收超61.3%。同时，专业镇发达的中山市，在过去 30 多年主要是依赖要素驱动为主的增长方式，土地、环境制约日益凸显，要适应新常态，根本的出路在于落实创新驱动，推进转型升级。

为推进新一轮产业转型升级，"敢为天下先"的中山市有清晰的理念："创新＋产业镇"。中山市将专业镇作为转型升级的主战场，从如何调整产业结构，从存量和增量两方面来做文章，通过创新驱动，把专业镇转型升级成为新兴专业镇，使传统产业成为优势传统产业。为了让产业镇插上"创新+"的翅膀，中山正积极实施腾笼换鸟、机器换人、空间换地、电商换市"四换"新战略，破解专业镇产业转型过程中面临的制约因素，并对专业镇大力实施"狠抓科技创新以及模式创新"等"1+7"创新工程，着力构建"两区四带多集群"的产业格局，加快产业镇相关的产业平台建设，拓展产业发展空间。为产业镇插上"创新+"的翅膀，中山市不遗余力。近年来，中山市通过构建完善"1+4+N"的创新驱动发展政策体系，不断释放出经济新活力。通过树立产城一体、城乡统筹、创新驱动、文化引领、生态优先的理念，立足产业"特而强"、功能"聚而合"、形态"小而美"、机制"新而活"的要求，着力建设一批产业特色鲜明、人文气息浓厚、生态环境优美、兼具旅游与社区功能的特色小镇，使之成为全市促进经济转型升级的重要动力，实施创新驱动发展战略的重要平台，建设和美宜居健康城市的重要载体。积极打造特色小镇，推进产程融合等举措。2016年，中山市生产总值突破3200亿元，同比增长7.8%。中山古镇璀璨的灯光，正照亮中山光明的转型升级之路。

【评析】中山市坚持创新驱动发展战略，立足专业镇特色，以"创新+""文化+""互联网+"等手段，不断推进专业镇转型升级，促进幸福和美中山建设。

★案例　技术的创新

2015 年 1 月 9 日，国家科学技术进步奖获奖名单公布，格力电器凭借"基于掌握核心科技的自主创新工程体系建设"项目荣获国家科学技术进步奖"企业技术创新工程类"二等奖。这是格力电器第二次荣获国家科学技术进步奖，同时也是格力电器第三次摘得国家科学技术奖，再次证明格力电器在家电行业中的龙头地位。格力电器此次获奖的"自主创新工程体系"是以"营造自我超越的创新文化，建立高集成的研发体系，拥有原创性的核心技术，构建全方位的产品系列"为主要内容，建设企业自主创新工程体系，推动企业实现从"规模驱动业绩增长"到"创新驱动持续发展"战略转变的制冷空调领域的创新实践和成果。

格力电器自 2002 年开始致力于自主创新体系的建设，经过多年的实施与应用，建成行业一流的掌握核心技术的全面创新系统，增强企业自主创新能力，研发出五大核心系统，并转化应用于 20 大类、400 系列、12700 多个品种的产品。2002 年以来，格力电器多项科研成果相继获得国家环保部对外合作中心、广东省科技厅等国内权威机构组织的科技成果鉴定，其中已获得 12 项国际领先的科技成果。也正是通过实施自主创新工程体系建设，格力电器积极推动科技创新，加快科技成果转化，先后突破了变频空调关键技术、直流变频离心机技术、无稀土变频压缩技术、双级变频压缩机等一系列尖端技术，不仅引领了国内行业市场，在国际市场也属领先水平。

【评析】格力电器专注核心技术体系的建设，将创新精神与工匠精神相结合。格力"人人创新、专心致志、挑战自我"的企业精神，使得企业核心技术的自主创新能力不断提升，企业创新氛围更加浓烈，并引领中国制造的发展。"创新""核心技术""精品"被誉为格力发展的三大法宝。

★案例 管理的创新

联想集团的创新体现在管理创新方面。联想英文标识"Lenovo"中的"novo"取自拉丁词"新"，代表联想的核心是创新精神。值得一提的是联想管理创新中的"双模式"创新，即交易型模式和关系型模式。交易型模式针对个人消费者和小型机构及成长型企业等消费市场的特点，在研发、营销、销售、生产运作、服务、合作伙伴网络等环节进行资源整合，充分满足这类客户的需求。关系型模式主要面向政府机构、企事业单位等商用市场的个性化需求。

比亚迪是另一家以管理创新为代表的民营企业，创新一直被该企业视为灵魂。比亚迪设立中央研究院、通讯电子研究院以及汽车工程研究院，专门负责生产设备及生产工艺的研发。节能、环保和安全技术一直是汽车工业"永恒的三大主题"，其核心是新能源技术。比亚迪依靠其在电池生产领域优势开发的电动车，代表未来汽车产业的发展方向，在汽车行业急剧变革转型期，为中国的新能源汽车打开一片新天地。

【评析】联想为保证"双模式"创新的成功，在合作网络创新、企业内部价值链创新（包括生产制造环节、供应链管理、人力资源和营销环节）、产品和服务有机结合创新上采取一系列措施，针对不同的客户需求、客户使用习惯和购买习惯细分市场，按照订单进行生产或建立周密的销售网，赢得客户信赖。

作为一家有志于发展民族汽车工业的企业，比亚迪股份有限公司志存高远，在发达国家一统天下的汽车产业，其依靠管理创新赢得了发展空间，为其他企业树立榜样。

★案例 制度的创新

2015年央视财经频道报道上海自贸试验区管委会发布的20家企业创新案例，包括国企、民企、外资等不同类型的企业，有总部经济、制造业、服务业等不同行业的创新活动，有企业自身的业务创新案例，也有平台企业的服务创新案例。2015年"经济半小时"也报道了广东金融资产交易中心有限公司的创新案例。这两类案例具有制度创新的典型性。

上海自贸区的主要做法是自贸试验区以企业为主体，转变政府职能，在投资管理、贸易监管、金融创新、事中事后监管四大领域推出了一系列制度创新举措。从实践上看，自贸试验区的制度创新在3个方面对企业创新发挥支持作用：一是帮助企业降低交易费用，提高要素流动性和生产率，进而提高资源配置效率，这在金融服务、专业化服务平台等创新案例中得到了充分体现；二是对市场主体产生创新激励，有利于企业技术进步，这在研发服务、境外股权投资、保税维修等创新案例中得到了充分体现；三是引导市场主体构建合理的组织结构，实现规模效益，这在总部资金管理、供应链管理案例中得到充分体现。

广东金融资产交易中心有限公司是极具公信力的独立第四方国有金融资产交易平台，是广东省唯一经财政部备案的金融企业国有资产交易平台，也是全国唯一的离岸金融资产交易先行先试平台。公司采取会员服务制度，为各类金融资产提供从注册、登记、托管、交易到结算的全程式服务。

【评析】上海自贸区制度创新案例为其他地区开展制度创新提供了借鉴。中央电视台"新闻联播"2015年7月对上海等全国4个自贸试验区进行了报道。4个自贸试验区承担改革开放排头兵的责任，扮演着创新发展先行者的角色。4个试验区分别服务于不同的国家战略：广东自贸试验区推动内地与港澳深度合作，天津自贸试验区推动京津冀协同发展，福建自贸试验区深化两岸经济合作，上海自贸试验区建设开放度最高的自贸试验区。

★案例 协同的创新

小榄的锁具、古镇的灯饰、大涌的红木……中山市靠专业镇起家，现有18个省级专业镇，是目前广东省三个基本实现"专业镇化"的地级市之一。但随着传统优势逐渐失去，中山专业镇进入集体转型时期，对创新的诉求日渐加剧。

　　有着"灯都"之称的古镇一直在寻求灯饰产业转型升级的方法，通过网络了解到金运激光的3D打印交易平台，双方一拍即合。随即，依托武汉大学文化创意设计研究中心，古镇成立了服务该镇灯饰产业设计制造领域的中山市灯饰设计与产业应用协同创新中心。通过整合全球设计师资源，以提供3D打印为手段，为灯饰企业提供文化创意，帮助古镇灯饰制造由传统的"手稿—开模—打样—制造"设计生产流程转变为全数字化的"三维设计—数字建模—3D打印快速成型—制造"现代设计制造流程。该模式改变了灯饰企业在量化生产前的研发设计打样全过程，极大地缩短企业设计研发周期，降低了创新成本，加速产业转型升级，具有革命性的变革意义。

　　除了中山市灯饰设计与产业应用协同创新中心、中山市红木家具产业协同创新中心等多家面向特色优势产业创新的服务型协同创新中心，中山市还建设认定多家面向战略新兴产业培育的研发型协同创新中心，以及面向产业核心力提升的企业协同创新中心。

　　【评析】所谓协同创新中心，是指由企业、高校、科研院所、服务机构和行业组织等独立法人单位牵头，围绕中山市经济社会创新发展的重点领域、关键核心技术或产业共性需求，整合互补性资源，开展协同合作的多方参与、多资源集成的创新组织。协同创新是促进创新资源聚合、互补，助推创新驱动战略的必由之路。

结　语

　　创新是引领发展的第一动力，是建设现代经济体系的战略支撑。在中国经济进入新常态的背景下，只有由创新驱动代替生产要素驱动，企业才能在未来竞争中赢得主动，掌握发展主动权。至于如何创新，作为创新主体的企业需要结合自身特点，审时度势地选择符合企业实际的创新模式。企业创新意愿在很大程度上影响企业创新意识，应在创新意识的指导下，审视环境变化，根据企业实际，选择合适的创新策略与创新模式，实现经营目标。

　　企业创新需要良好的外部环境，这要求政府破除体制机制障碍，进一步深化经济、科技体制改革，释放全社会发展活力，为企业创新营造良好的外部环境。国家发布的国有企业改革路线图不仅为国有企业，而且为民营企业和合资企业提供了创新的发展机遇。同时，中国的教育体制、政府运行体制等也需要深化改革，以激发全民族的创新热情，培养和提高全社会的创新能力。

　　（本书部分案例摘选自白少君、白冬瑞、耿紫珍：《中国企业创新驱动典型案例分析》，《科技进步与对策》2015 年第 11 期）

参考文献

1. ［美］克里斯安德森.创客：新工业革命［M］.北京：中信出版社2012.12 第一版.

2. 吴霁虹.众创时代［M］.北京：中信出版社，2015.5.

3. ［美］蒂姆·布朗.IDEO，设计改变一切［M］.北京：北京联合出版传媒（集团）股份有限公司，2011.5.

4. 胡飞雪.创新思维训练方法［M］.北京：机械工业出版社，2017.1.

5. ［美］斯蒂芬·德森纳.众筹［M］.北京：中国人民大学出版社，2015.5

6. ［美］杰夫·豪.众包［M］.北京：中信出版社，2009.

7. ［美］埃里克·莱斯.精益创业：新创企业的成长思维［M］.北京：中信出版社，2012.8

8. 盛佳，柯斌，杨倩.众筹：传统融资模式颠覆与创新［M］.北京：机械工业出版社，2015.6.

9. 祝智庭，雒亮.从创客运动到创客教育：培植众创文化[J].电化教育研究，2015.7.

10. 丁大琴.创客及其文化历史基因探源［J］.北京社会科学，2015.8

11. 徐思彦，李正风.公众参与创新的社会网络：创客运动与创客空间［J］.科学学研究，2014.12.

12. 宋刚，张楠.创新2.0知识社会环境下的创新民主化［J］.中国软科学，2009.10.

13. 袁毅.中国众筹的概念、类型及特征［J］.河北学刊，2016.3.

14. 施慧洪.众筹的典型模式及案例解析［J］.商业经济研究，2015.8122.

15. 王佑镁，王晓静，包雪.创客教育连续统：激活众创时代的创新基因[J].现代远程教育研究，2015.5

16. 雒亮，祝智庭.开源硬件：撬动创客教育实践的杠杆［J］.中国电化教育，2015（4）.

17. 宋刚，张楠.创新2.0:知识社会环境下的创新民主化［J］.中国软科学，2009（10）.

18. 王志强.美国高校创客教育与STEM教育的融合：理念、路径、启示[J].复旦教育论坛，2016（14）.